지적 자서전으로서
내 저서의 서문들

지적 자서전으로서
내 저서의 서문들

2018년 6월 16일 초판 발행

지은이 강성학 | 펴낸이 안종만 | 펴낸곳 (주)박영사
등록 1959. 3. 11. 제300-1959-1호(倫)
주소 서울특별시 종로구 새문안로3길 36, 1601
전화 (02) 733-6771 | 팩스 (02) 736-4818
홈페이지 www.pybook.co.kr | 이메일 pys@pybook.co.kr

편집 이승현 · 전수연
기획/마케팅 조성호
표지디자인 권효진
제작 우인도 · 고철민

ISBN 979-11-303-0601-8 (03340)

이 도서의 국립중앙도서관 출판예정도서목록(CIP)은 서지정보유통지원시스템 홈페이지
(http://seoji.nl.go.kr)와 국가자료공동목록시스템(http://www.nl.go.kr/kolisnet)에서 이
용하실 수 있습니다.
(CIP제어번호 : CIP2018016597)

정가 18,000원

지적 자서전으로서
내 저서의 서문들

강성학

박영사

My Collected Prefaces As An Intellectual Autobiography of a Kind

Sung-Hack Kang

Parkyoung Publishing & Company

> 미래에 대한 모든 호기심이 사라졌을 때에만,
> 비로소 우리는 자서전을 쓸 나이가 되었다고 하겠다.
> ― 에블린 워(*Evelyn Waugh*)

    세상엔 저자의 생애를 다룬 일반 자서전이나 회고록은 물론이고 학자들의 지적 자서전이 참으로 많다. 이제는 아득한 대학원 학생시절에 나는 콜링우드(R. G. Collingwood)의 지적 자서전인 『An Autobiography』*를 읽으면서 깊은 감동을 받았었다. 그리하여 언젠가 나도 학자로 성공하여 그와 같은 지적 자서전을 쓰고 싶다는 강한 충동을 느

---

* R. G. Collingwood, *An Autobiography*, New York: Oxford University Press, 1939.

껐었다. 그러나 그 후 나의 지적 삶은 대부분이 학자적 연구보다는 교육하는 교수의 역할에 더 집중될 수밖에 없었다. 콜링우드 수준의 지적 자서전을 집필하기엔 나의 지적 자본이 그의 방대한 지적 자본에 비해 턱없이 부족했다. 그래서 포기했다. 그 대신에 지난 40여 년간의 학자-교수 생활을 하면서 집필한 나의 저서들의 서문들을 모아 출간하기로 하였다. 그것들은 적어도 그동안 나의 지적 정향을 분명히 한 것들이다. 즉, 그것들은 나의 지적 세계를 그대로 표현했던 것이다. 그러나 그에 대해 그 누구도, 동료 교수들은 물론이고 심지어는 나의 가족들과 제자들마저도 전혀 관심을 보이지 않았다. 무척 아쉬웠던 순간들이었다. 그래서 새로운 복장으로 다시 등장시켜 보려는 것이다.

"모든 예술가는 자신의 자서전을 쓴다"는 말이 있다. 이 말을 원용하여 말한다면, 모든 학자의 저서는 그의 지적 자서전이라 하겠다. 본서는 지난 거의 40여 년의 긴 세월 동안 순전히 학문적으로 국제정치학에 전념하면서 전쟁과 군사전략, 평화, 국제관계이론, 한국외교정책, UN, 그리고 정치 지도자의 리더십 등으로 크게 분류될 수 있는 관심 주제들에 대해서 모두 내 이름으로 출간한 책들의 서문들을 한 곳에 모은 것이다. 다만 처음 이 계획을 구상했을 때 우선 그동안 썼던 서문들의 분량이 별도의 한 권의 책이 될 정도가 될까 하는 의구심이 들었다. 또한 잘못하면 학계에서 웃음거리만 되지 않을까 하는 두려움을 떨쳐내기가 매우 어려웠다.

그러나 고려대학교에서 꼭 33년의 교수 생활을 마치고 정년 퇴임한 후에 어느덧 수년의 세월이 흘러 내 나이 칠순을 넘기게 되었다. 앞으로 학문적 업적을 더 낼 자신도 없고 하여 지금까지 내가 수행한 학문적 연구성과의 보고서랄까, 초라하지만 일종의 지적 자서전(as an intellectual autobiography of a kind)이라는 이름으로 그동안 출간된 저서들의 서문들을 하나의 책으로 묶어 출판해 보고 싶다는 생각이 들었다. 누군가가 이를 두고 "지나치게 자기 과시적"이라고 비난한다 해도 사과할 생각은 없다. 왜냐하면 어떤 형식으로라도 나의 전 생애에 걸친 학문생활의 결실을 가능한 한 간단하게 집약하여 세상에 내놓고 싶은 것이 나의 솔직한 욕망이었기 때문이다. 또한 이런 나의 무모한 시도가 한국정치학계에서 많은 지적 자서전이 아무런 두려움 없이 쏟아져 나올 수 있도록 하는 하나의 계기가 된다면 한국 정치학계의 지적 자극제로서 오히려 좋은 일이 될 것이다.

여기에 모은 서문들은 1982년에 출간된 앨런 블룸(Allen Bloom)과 해리 자파(Harry V. Jaffa)의 『셰익스피어의 정치철학』의 번역서로부터 2018년 출간된 『죽어도 사는 사람: 불멸의 링컨 유산』이라는 김동길 교수님과의 공동저서에 이르기까지 나의 저서 목록에 나와 있는 30여 권의 저작에서 모은 것이다. 나의 단독저서는 물론이고 공동저서나 번역서의 서문들로서 당연히 모두 내가 쓴 것만 모았다. 이 서문들에는 원래 나의 헌사와 스승님들의 은혜에 대한 감사의 표현과 학문에 전념해야 한다는 구실로 가장으로서 가정을 아주 소홀히 함으로써 소중했던 가족에 대한 미안한 마음의 표현은 물론이고 책을 낼 때마다 교정작업에 참여했던 고려대학교 대학원의 수많은 제자들에게, 그리고 나의 삶의 터전이었던 고려대학교에 대한 감사의 표현 등 아주 사적인 내용들이 적지 않게 포함되어 있었다. 그러나 그것들은 나의 지적 자서전과는 무관하기에 마지막에 실린 영문저서의 서문을 제외하고는 거의 모두 잘라냈다. 그리고 나니 양이 크게 줄어 원래 기대했던 것보다 훨씬 얇은 책이 되고 말았다.

저서들 중 일본과 중국에서 번역 출간된 것들은 원전 옆에 그러한 사실만 병기했으며 영문저서의 서문은 영문 그대로 실었다. 여기에 수록된 서문들의 순서는 연대순이거나 역 연대순으로 배열된 것이 아니라 순전히 나의 임의대로 정한 것이다. 따라서 본 저자는 독자가 각 서문을 읽을 때 그 책의 출판연도를 먼저 염두에 두고 읽어 주길 기대한다.

본서는 지적 탐구로서 나의 학문적 가능성을 보여주었지만 동시에 명백한 나의 지적 한계를 보여줄 것이다. 한국지정학연구원에서 매달 한 차례씩 수행하는 "셋토네 심포지엄"을 통해 여전히 지적 교류를 이어가고 있는 제자들은 물론이고 한때나마 자기 인생의 중요한 시기를 나와 함께했던 수많은 나의 사랑하는 제자들이 나의 지적 한계를 뛰어 넘어 청출어람이 되길 간절히 바란다.

나의 서문들이 소위 세계적으로 "위대한 서문"*에는 결코 속하지 못하겠지만 어디 위대한 서문만 서문이겠는가? 비록 평범할지라도 나의 깊은 명상 속에서 진지하게 쓰여진 내 저서의 서문들 역시 내가 쓴 나의 지적 자서전임에 분명하다. 그래서 본서의 제목을 일종의 "지적 자서전으로서 내 저서의 서문들"이라고 정하게 되었다. 한국

....

* 장정일 엮음, 『위대한 서문』 파주: 열림원, 2017.

의 작은 독서 시장에서 이런 특이한 책이 환영 받을 가능성은 별로 없을 것이다. 그래도 누군가가 우연하게라도 본서에 관심을 갖고 진지하게 읽어준다면 나에겐 큰 보람이며 그런 미래의 독자에게 진심으로 미리 감사드린다.

본서가 준비되는 과정에서 여러 차례 본서 출간을 위한 격려를 아끼지 않은 고려대 국제대학원 연구교수 이웅현 박사, 한국지정학연구원의 설립자 이영석 박사와 상임연구원 신희섭 박사에게 감사한다. 그리고 본서의 구상단계에서부터 책으로 출간될 때까지 출판을 위한 모든 작업을 수행해 준 한국지정학연구원의 모준영 박사에게 깊이 감사한다.

끝으로 본서의 절대적 시장성의 부족을 고려하여 재정적 출판지원을 해준 〈아시아 투데이〉 신문사의 우종순 사장에게 마음 깊이 감사한다.

2018년 4월 6일
구고서실(九皐書室)에서

|차례|

서문들을 위한 서문   1

제 1 장

소크라테스와 시이저: 정의, 평화 그리고 권력, 서울: 박영사, 1997

"어떤 젊은이들은 소피스트들에 의해서 타락하고 또 사람들 입에 오르내릴 만큼 그렇게 개인적으로 타락한 소피스트들이 있다고 많은 사람들이 믿는 것처럼 그대도 믿는가? 가장 큰 소피스트들은 바로 그렇게 말하는 사람은 아니겠는가? 왜냐하면 그들은 가장 완벽하게 교육하고 또 남녀노소를 그들이 원하는 대로 만들어 내니까."

"그러나 그들이 어느 때 그렇게 하지요?"라고 그는 말했다.

"많은 사람들이 집회나 법정, 극장이나 군대 막사, 아니면 어떤 많은 사람들이 모이는 곳에서 함께 앉아 있을 때 크게 법석을 떨면서 말하거나 행한 것들을 지나치게 소리 치고 박수 치며 책망하거나 찬양할 때, 뿐만 아니라 그들 주변의 바위나 장소가 메아리 쳐 책망과 찬양을 배가할 때이다. 이제 그런 곳에서는

속담이 이르듯 젊은이의 마음 상태가 어떠하리라고 생각하는
가? 혹은 어떤 종류의 사적 교육이 그 젊은이에게 제공되겠는
가? 그런 책망과 찬양에 의해 그 사교육은 휩쓸려 버리고 말지
않겠는가? 그리고 마치 홍수에 밀리듯 멋대로 흘러 일반 사람들
처럼 그 젊은이는 고결한 것과 천한 것들이 모두 똑같다고 말하
고 일반 사람들이 행동하는 것처럼 행동할 것이다. 그들이 그렇
지 않은가?"

"소크라테스님, 필연적 결과는 큰 것입니다."라고 그는 말했다.

"그러나 우리는 아직 가장 큰 필연적 결과를 언급하지 않았다."
고 나는 말했다.

"무엇입니까?"라고 그가 물었다.

"이런 교육자들과 소피스트들이 말로써 설득하는 데 실패했을
때 행동으로 무엇을 범하는지 아는가? 아니면 설득 당하지 않는
사람들을 불명예와 벌금, 심지어는 죽음으로 그 사람을 응징하
는 것을 그대가 모른다는 말인가?"

"예, 그들은 아주 가혹하게 응징하지요."라고 그는 말했다.

"그렇다면 어떤 다른 소피스트나 어떤 종류의 사적인 언술이
이들에게 반해 이기겠는가?"

"아무도 그러지 못할 것이라고 생각합니다."라고 그는 말했다.

"아무도 못하지. 그것은 시도해 보는 것조차도 대단히 어리석
은 일이 될 것이야 …"라고 나는 말했다.

— 플라톤의 『공화국』 中에서 —

앨런 블룸(Allen Bloom)이 주장했던 것처럼 오늘의 대학
은 시류와 여론의 영향으로부터 해방되고 또 정권이나 종
교로부터 독립하여 연구와 교육의 '독립국가'를 수립하려

는 바로 그런 커다란 '어리석은' 시도의 유산이다. 그것은 요란한 시민사회의 바다 속에 서 있는 하나의 독립적인 섬, 즉 '학문의 공화국'을 지향하는 곳이다. 따라서 대학인은 온갖 편견으로부터 자신을 해방시키기 위해 파당적 열정으로부터 마음과 정신을 분리시켜야만 한다. 학문의 자유란 학자들의 독립성을 보호하는 것이다. 대학의 존재는 탁월성과 평등주의, 즉 이성과 피치자의 동의를 결합하는 수단이다. 그러나 바로 이런 이유 때문에 급진적 평등주의가 신앙의 성격을 갖게 되고 모든 광신적 요소들이 판을 치는 나라에선 대학은 위협받게 된다. 왜냐하면 민주주의에 대한 근본적 믿음에 의문을 제기하기 어렵기 때문이다. 민주주의에 대한 아부는 큰 유혹이다. 따라서 어려움과 위험이 없이 저항하기 어렵다는 것이 학문의 세계가 겪는 위협이라 하겠다. 그러나 소크라테스의 비극이 되풀이 되어서는 안 될 것이다.

자유주의 교육이란 대중적 민주 시민사회 속에서 귀족주의를 수립하고 유지하기 위해 필요한 노력이며 인간적 탁월성을 상기시키고 그 탁월성을 지향하는 것이다. 플라톤은 가장 높은 의미에서 교육이란 철학이라고 보았다. 철학은 본질적으로 가장 중요한 것, 가장 높은 것, 그리고 가장 포괄적인 것에 관한 지식이며 그러한 지식은 미덕이요 행복이다. 그러나 철학은 본질적으로 그런 지식 혹은 진리의 소유가 아니라 진리의 추구이다. 진리의 추구, 고전적인 용어로 말하면, 지혜의 추구로서의 철학은 보편적 지식, 즉 전체에 관한 지식의 추구이다. 만일 지식이 즉각적으로 동원될 수 있다면 철학, 즉 지적 추구는 필요하지 않을 것이다. 필연적으로 전체에 관한 여러 가지 다양한 의견들이 철학을 앞선다. 철학은 전체에 관한 지식으로 의견들을 대치하려는 시도이다.

정치철학은 철학의 한 분과이다. 레오 스트라우스(Leo Strauss)[1]가 주장했듯이 정치철학은 정치생활과 관련된 방법으로 정치적 문제를 다룬다. 모든 정치적 행동은 현상의 유지와 변화를 모색한다. 현상을 유지하고자 할 때 우리는 더 나빠지는 것을 막고자 희망한다. 변화를 원할 때 우리는 보다 나은 어떤 것을 초래하고자 한다. 이때 모든

....

[1] 한국에서 레오 스트라우스 정치철학의 연구는 서울대학교의 김영국 교수를 중심으로 그동안 꾸준히 수행되어 왔으며, "김영국 외, 『레오 스트라우스의 정치철학』(서울: 서울대출판부, 1995)"의 출간은 한국에서 레오 스트라우스 정치철학 연구의 일차적 결산이라고 해도 과언이 아닐 것이다.

정치적 행동은 보다 나은 것과 보다 나쁜 것에 관한 어떤 생각에 의해서 지도된다. 보다 낮다든가 보다 못하다는 생각은 좋은 것(善)에 관한 생각에 의존한다. 따라서 모든 정치적 행동은 그 자체가 좋은 것, 즉 그것이 좋은 삶이든 혹은 좋은 사회에 관한 것이든, 좋은 것에 관한 지적 지향성을 갖는다. 왜냐하면 좋은 사회란 완전한 정치적 선(좋은 것)이기 때문이다. 만일 이런 지향성이 명시적이 되면, 그리고 만일 사람들이 좋은 삶에 관한 지식의 습득을 자신들의 명시적 목적으로 하면, 바로 이때 정치철학이 출현하는 것이다. 정치철학의 주제는 국가(공동체)와 인간이다. 국가와 인간의 문제는 바로 고전적 정치철학의 명백한 주제이다.

근대 정치철학은 고전적 정치철학을 토대로 하고 있지만 그것을 변경시켰다. 그리하여 더 이상 고전철학에서와 같은 용어로 그 주제를 취급하지 않는다. 근대 정치철학은 근대 자연과학에서 이해하는 자연(Nature)과 근대 역사의식에 의해 이해되는 역사(History)를 가정하고 있다. 그리하여 근대 정치철학은 이데올로기에 의해서 대치되어 버렸다. 원래 정치철학이던 것이 이데올로기가 되어 버린 것이다. 그리고 바로 이런 사실이 현대 세계의 위기의 핵심을 형성하고 있다고 하겠다. 냉전의 종식과 같은 이념적 대결의 종말은 푸쿠야마의 주장처럼 역사의 종말이 되고 그것은 큰 정치철학의 종말이라는 결론에 도달하기 때문이다. 정치철학의 빈곤, 아니 진공상태가 '역사의 부록'에 살고 있는 우리들 삶의 조건이 되어 버린 것이다. 우리는 정치철학적 공허한 마음을 간직한 채 물질적 욕구만을 추구하면서 소비자가 왕인 사회에서 허무주의적 삶에 영원히 만족해야 하며 또 그럴 수가 있겠는가?

오늘날의 정신적 위기는 삶의 목적이 불확실해져 버린데 있다. 과거에 우리는 미래의 비전, 인류의 미래에 확실한 비전을 갖고 있었다. 그러나 이제 우리는 그 확실성을 갖고 있지 못하다. 그리하여 어떤 사람들은 우리, 즉 인류의 미래에 절망하기도 한다. 뿐만 아니라 과학적 발전은 인간의 힘을 증대시키는 데에는 성공했지만 우리는 더 이상 현명함이나 옳음과 어리석음이나 잘못을 권력의 사용에서 구별할 수 없게 되었다.

과학은 정치적 지혜를 가르칠 수 없다. 현대의 과학적 정치학은 시민이나 정치가들이 직접 경험하는 대로 정치적 문제들을 이해하려 하지 않았다. 현대 정치학은 삶의 목적과 의미가 아니라 과학적 이론을 모색했다. 그리하여 무지개를 쫓는 것 같은 이론화 작업이 좌절과 절망에 빠진 나머지 모든 것을 '해체'해 버리고 동물적 본능으로 살아가고픈 강렬한 충동에 사로잡히게 된다. 자유와 창조의 슬로건 하에 포스트모더니즘은 우리를 황홀하게 아니 필사적으로 우리를 유혹한다. 그러나 반이성적, 반지성적, 그리고 반도덕적인 포스트모더니즘은 인간 이성의 도살장이다. 따라서 우리는 이성을 결코 포기할 수 없다. 아무리 소크라테스의 삶이 비극적으로 끝났다고 해도 시지프스 같은 그의 지성의 추구는 인간적 삶의 참모습인 것처럼 보인다. 우리는 삶의 목적과 의미를 재발견하기 위해서도 위대한 정치철학자들의 마음과 문제의식으로 되돌아가야 한다.

물론 오늘날에도 정치철학은 강의되고 있다. 그러나 정치철학을 정치사상사로 대치한다는 것은 레오 스트라우스가 지적했듯이, '위대한 철학자들의 진리 추구 과정'을 정치철학자들의 '탁월한 실수'들의 연대기적 조사로 대치해 버리는 것을 의미한다. 그러나 정치철학자들의 군건한 지식은 위대한 정치철학자들이 진실로 가르치고자 했던 그대로 이해하는 데 있는 것이지, 그들의 장단점을 잘 요약하여 노트 정리하는 데 있는 것이 결코 아니다. 우리는 정치에 관한 일관성 있고 포괄적인 이해를 고전적 정치철학 속에서 언제든 발견할 수 있다. 고전적 정치철학의 주제는 미덕(virtue) 혹은 인간적 탁월성(excellence)이었다. 그렇다면 미덕이란 무엇인가? 누가 탁월한 정치가이고 시민인가? 미덕과 탁월함을 진작시키는 정치체제는 어떤 것인가? 정치는 왜 정의로워야 하는가? 훌륭한 삶은 어떤 것인가? 이런 종류의 질문은 바로 소크라테스가 처음 제기했던 것들이다. 그리고 이것들은 우리의 현대적 정치생활 속에선 좀처럼 듣기 어려운 질문들이다. 바로 여기에 우리가 개인과 공동체의 삶에 관해서 올바로 이해하고자 할 때 소크라테스로 되돌아가야 하는 결정적 이유가 있다.

시이저는 신이 된 인간이다. 시이저는 그의 이름을 계승한 (칸, 카이저, 짜아르 등) 많은 사람들이 그랬던 것처럼 신과 같이 숭배되었다. 시이저가 대변하는 것은 무제한의 권력이다. 그는 영원한 정복자의 권력, 즉 제왕권을 이룩했다. 시이저는 생존하기 위해 끝없는 권력을 추구했다. 전세계적 제국이 그의 야심이요 성취의 대상이었다. 오직 신의 상황만이 그의 욕망을 만족시킬 수 있었으며 이 만족에서 영원한 명성과 숭배를 이루었다. 그러나 인간적으로 그는 자기 시대 최고의 사람들로부터 자유롭고 정직한 찬양을 갈망했다. 그러나 그는 그것을 얻지 못했다. 왜냐하면 사랑이란 본질적으로 명령될 수 없는 것이기 때문이다. 따라서 그는 인간 개인으로서는 실패했다. 그 대신에 그는 절대권력의 상징이 되었다. 그리하여 수많은 그의 모방자들이 마치 불나비들처럼 무한 절대권력을 향해 나아갔다. 필리핀의 마르코스 대통령은 우리 시대 그런 사람 가운데 하나였다.

권력은 마약 같은 것이다. 알맞게 쓰면 고통을 완화시키는 데 탁월한 효능이 있지만 많이 쓰면 중독이 되어 그것 없이는 살 수 없다. 그리고 갈수록 더 많은 양의 마약이 고통 없는 삶을 위해 필요하게 된다. 그러다 마약 그 자체가 결국 죽음의 원인이 된다. 여기에 권력의 본질이 숨어 있다. 그러나 권력은 단념하기엔 너무나 유혹적이다. 뿐만 아니라 공동체의 삶을 가능케 하기 위해 정치권력은 필요악이다. 정치권력은 질서를 위해 필요하고 질서는 평화를 의미하며 평화는 삶의 전제조건이기 때문이다. 따라서 근대 정치학은 권력의 의미와 현상에 관한 논의 없이 불가능하다. 시이저가 상징하는 권력의 이해를 위한 노력의 당위성이 바로 여기에 있다. 소크라테스와 시이저는 대립적이다. 그러나 그들을 정치철학 속에서 상호보완적으로 결합할 수는 없는 것일까? 우리는 모두가 철학자가 될 수는 없다. 그러나 우리는 철학을 사랑할 수 있으며 철학을 배울 수는 있을 것이다.

학창시절 저자는 고려대학교에서 김경원 교수님의 강의를 들으면서 그 분의 해박한 철학적 지식에 깊은 인상을 받았었다. 그때부터 저자는 철학적 지식의 갈증에 목말라 했으며 유학시절 모톤 프리쉬(Morton Frisch) 교수의 각별한 관심과 지도 속에서 틈틈이 정치철학적 갈증을 어느 정도 해소할 수 있었다. 그러나 정치철학의 세계란 아무리 들이켜도 줄어들지 않고 끝없이 솟아나는 샘물처럼 언제나 신선하고 신비스러운 것이다. 따라서 정치철학의 학문적 미완성의 단계에서 저서를 출간하는 것이 여간 두렵지 않았다. 그러나 비록 미흡한 대로 일단 한 권의 책이 출판되면 그것이 신기루를 찾아 헤매왔던 사막의 여행자처럼 지치고 고독한 저자의 영혼에 새로운 활력소가 될 수도 있지 않을까 하는 희망과 기대를 가지고 새로 쓴 것들과 이미 발표되었던 몇 편의 논문까지 포함하여 본서를 내놓게 되었다.

제 2 장

시베리아 횡단열차와 사무라이: 러일전쟁의 외교와 군사전략,

서울: 고려대출판부, 1999

나의 역사서는 그 속에 낭만적 요소가 없기 때문에 읽기 쉽지 않을 것이다. 그러나 나의 말들이 과거에 일어났던 사건들과 (인간본성이 그대로이니) 미래에 언젠가 같은 방법으로 반복될 사건들을 분명히 이해하고 싶은 사람들에 의해서 유용하다고 판단되면 나에겐 그것으로 족하다. 나의 작품은 즉각적 일반 대중의 구미에 맞게 계획된 집필이 아니라 영원히 존속되도록 쓰여진 것이다.

— 투키디데스(*Thucydides*)

우리가 기대하는 것과는 정반대로 우리를 과거로 되돌아가게 하는 것은 우리의 미래이다.

— 한나 아렌트(*Hannah Arendt*)

정치가는 대학교수와 다르다. 대학교수는 사회에 관한 일반적 견해만을 갖지만 정치가는 이런 일반적 아이디어들과 결합하고 고려해야 할 수많은 상황을 갖고 있다. 상황들은 무한하고 또 무한하게 결합된다. 상황은 다양하고 일시적이다. 그것들을 고려하지 않는 정치가는 단순히 오류를 범하는 것이 아니라 완전히 미친 것이다. 형이상학적으로 미친 것이다. 정치가는 자신의 원칙들을 절대로 잊지 않으면서 상황에 의해 지도되어야 한다. 현재의 급박한 사정과 반대로 판단되면 그는 자신의 조국을 영원히 망칠 것이다.

— 에드먼드 버크(*Edmund Burke*)

정치학자들은 언제나 정치현실을 개탄한다. 그러나 한 나라의 정치 지도력의 수준은 학생들이 대학에서 젊은 시절에 받는 교육에 달려 있다고 해도 과언이 아니다. 따라서 대학교육 특히 정치학의 교육은 중요하다. 그런데 바로 정치학에 문제가 있다. 만일 정치학에서 정치란 낮은 어떤 것, 어떤 고결한 목적이 전혀 없는 저속한 것으로 가르친다면 최고의 재능을 가진 사람들이 정치가라는 직업을 추구할 것으로 기대할 수 없다. 일상적 정치를 무조건 매도하는 것도 나쁜 일이지만 과거 역사적 정치가들의 동기와 생각을 모두 격하시키는 것은 더욱 나쁘다. 따라서 민족적 자부심과 국가적 목적의 재생은 정치지도력의 르네상스뿐만 아니라 정치학 교육의 확실한 "혁명"을 필요로 할 것이다. 그러나 아직까지는 정치와 정치가들의 격하성향이 현대 정치학의 지배적 현상이라고 해도 과언이 아니다. 만일 국민들이 도덕적 붕괴 위험에 처해 있고 자국의 과거 역사에 대한 자부심과 믿음을 상실하고 미래에 대해 혼동상태에 있다면 그것은 분명히 교육제도 어딘가에 문제가 있었을 것이다.

미래는 과거에서 나온다. 왜냐하면 조지 오웰(George Owell)이 『1984년』에서 오세아니아(Oceania) 집권당의 슬로건으로 규정했듯이 "과거를 지배하는 자가 미래를 지배하고, 현재를 지배하는 자가 과거를 지배하기" 때문이다. 이 작품의 주인공 윈스턴 스미스(Winston Smith)는 소위 진리부(the Ministry of Truth)에서 역사를 새로 쓰는 일을 맡고 있다. 그는 강제로 그 일을 맡았지만 오늘날 스스로 윈스턴 스미스가 되어 미래를 지배하기 위해 역사를 다시 쓰는 지식인들이 있다. 마르크스주의자들이 그 대표적인 예가 될 것이다. 현재를 전복하고 미래의 지배를 위해 "학문의 자유"라는 이름 하에 모든 역사를 수정한다. 그들은 혁명을 꿈꾸는 전체주의자들이다.

그러나 전체주의에 의해 부패되기 위해서 전체주의 국가에서 꼭 살 필요는 없다. 단순한 아이디어들은 일종의 독처럼 퍼져 나갈 수 있다. 오웰이 두려워했던 것은 자유 사회를 살면서 스스로 자유의 옹호자라고 믿는 사람들에 의해서 그런 위험스런 효과를 낳는 아이디어들이 공개적으로 수용된다는 점이었다. 즉 지적 품위에 대한 직접적이고 의식적인 공격이 바로 지식인들로부터 온다는 것이다. 마르크스주의자들에게 국가공동체는 하나의 허구이며 국가이익은 지배계급의 사적 이익에 지나지 않는다. 따라서 마르크스식 사고유형에 의해 교육받은 사람들에게 정치란 계급투쟁, 궁극적으로 사적 이익을 위한 투쟁일 뿐이다. 그렇게 정치공동체의 공익을 추구하는 것이 허구이고 위선에 지나지 않는다고 가르친다면 정치공동체의 공익을 위해 노력할 정치가는 탄생하기 어려울 것이다.

공동체의 구성원들이 아니 이익사회의 구성원들이 모두 사적 이익 이상의 어떤 더 크고 고결한 동기와 목적에서 행동하지 않는다고 믿는다면 그들 간에는 상호불신과 상호경계심과 두려움이 지배할 것이다. 그런 분위기가 팽배한 사회는 정치가가 다양한 국민적 요구와 의견을 종합하기 어렵게 만들 것이며 더구나 양심에 호소하는 설득만으로 그렇게 하기는 불가능하게 된다. 실제로 정치가는 다른 사람들의 이익을 제치고 자기 자신들의 이익을 확보하고 증진시키려는 어떤 개인들의 모호한 집단의 불확실한 대리인 밖에 되지 못할 것이다. 어떤 집단도 권력을 독점하지 않으면 (여기에서 전체주의가 논리적 귀결이라는 유혹으로 등장하게 된다) 정치 지도력이란 한낱 일종의 "중개업"으로 전락하고 말 것이다. 국가정책은 다양한 주장들의 상대적 정당성을 결정할 명백한 기준이 없을 것이기 때문에 스스로 자신의 주장을 정당화하는 그래서 항상 변하는 개인들의 연합들 사이에서 이루어지는 흥정의 결과에 지나지 않는다. 수의 힘이나 부의 힘과 함께 속임수가 모든 이익의 갈등을 결정할 것이다. 그런 상황 아래에서 정치 지도력이란 교활한 조작이나 비굴한 굴종으로 귀결되고 말 것이다. 그러나 그것은 정치 지도력이 아니라 정치 지도력의 몰락이다.

오늘의 대학교육은 가혹한 도전과 절망적 시련에 직면하여 그것을 성공적으로 헤쳐 나가거나 혹은 그렇지 못하고 실패한 역사적 주인공들, 즉 정치 지도자들의 입장에 서서 삶을 생각하는 "성찰의 기회"를 거의 제공하지 못하고 있다. 뿐만 아니라 오늘의 현란한 감각적 대중문화는 전쟁이나 군사적 문제를 마치 닌텐도 게임이나 영화 또는 비디오를 통해 한순간 즐기는 소일거리와 같은 것으로 생각하게 만들고 있다. 또한 대학의 지배적인 자유주의적 분위기는 전쟁과 같은 비극적 사건을 완전히 과거에 속하거나 전쟁을 지향하는 미친 자들이나 관심을 가질 시대착오적 주제처럼 간주하게 한다.

그러나 냉전의 소위 "긴 평화"의 시대에도 전쟁은 계속 있었으며 냉전 종식 이후에도 참혹한 전쟁은 여전히 존재했다. 제3차 세계대전이 없었을 뿐 소위 제한전쟁 또는 지역전쟁은 늘 이곳저곳에서 발생했다. 그 속에서 희생된 죽은 자들에게 핵무기가 사용된 전면전쟁에서 죽지 않고 지역 전쟁에서 재래식 무기에 의해 죽었다는 것이 무슨 위안이 되겠는가? 아이러니컬하게도 핵무기의 첫 번째 공격 목표였던 히로시마는 오늘날 번창하는 도시가 되었다. 그러나 로마인들의 불과 칼에 의해서 파괴된 카르타고(Carthage)는 흔적도 없이 사라져 버렸다. 대량파괴나 가증스러운 인종청소 그리고 천인공노할 대량학살은 20세기만의 전유물이 결코 아니었다. 그런 참혹한 일은 고대에도 늘 있었다. 기원전 인류문화의 스승이었던 아테네인들의 멜로스인들에 가한 학살은 투키디데스가 지금도 생생하게 전해주고 있다. 냉전 종식 이후 남부유럽과 아프리카 등지에서 발생한 대량학살들도 최첨단무기가 아닌 주로 재래식 무기들에 의해서 자행되었다.

그럼에도 불구하고 베트남 전쟁 이후의 수많은 영화나 슬로건에 의해 일방적으로 영향받은 젊은이들은 어떻게 인간이 죽이고 죽임을 당하는 상황에 처하게 되는 지를 이해하지 못할 것이다. 그러나 인간들의 관계란 합리적인 인간들이 죽이고 죽임을 당하는 것을 최선의 선택으로 간주하는 그런 상황을 때로는 너무도 자연스럽게 발생시킨다. 역사에는 분명히 어리석은 전쟁들이 있었다. 그러나 대부분의 전쟁은 전민족과 국가의 생명과 주체성 그리고 운명이 걸려 있는 심각한 생존을 위한 투쟁들이었다. 그것은 부인할 수 없는 엄연한 사실이다. 전쟁은 분명히 막아야 한다. 누구도 그 말에 이견을 제기하지 않는다. 전쟁은 죽음과 가정의 파괴, 추위나 굶주림 그리고 잔인한 권위에의 복종을 의미한다. 그런데도 인류는 왜 그렇게도 빈번하게 전쟁을 해오고 있는가?

전쟁은 닌텐도 게임이나 야유회가 아니다. 전쟁과 관련된 사악함들은 오히려 전투현장에서 멀리 떨어진 때와 장소에서 인류를 덮쳤다. 특히 금세기에는 평화의 희생자가 오히려 전쟁의 희생자를 능가했다.[1] 직접적인 군사작전으

1 R. J. Rummel, "War Isn't This Century's Biggest Killer," *Wall Street Journal*, July 7, 1986, p. 12. 럼멜에 의하면 약 3천 5백 7십

로 약 3천 5백만 명의 사람들이 죽은 반면에 같은 시기에 적어도 1억 이상의 사람들이 중장비무기를 사용하지 않고 자국의 경찰력이나 기근, 철조망, 강제노동, 가스질식, 총살에 의해서 그리고 1975 – 79년 캄보디아의 홀로코스트에서처럼 몽둥이로 맞아 두개골이 깨져 죽었다.

이렇게 죽은 사람들은 보통 최후를 맞기 전에 수개월 또는 수년씩 고통을 받았으며 어쩌면 무엇보다도 자신들과 가족들에게 자행되는 그런 극악무도한 행위 앞에서 아무 것도 할 수 없는 자신들의 무능에 가장 큰 고통을 받았을 것이다. 이와 같이 1억 이상의 남녀노소를 죽인 자들은 무장한 반격은 고사하고 비무장 저항마저 극복할 필요가 없었을 것이다. 희생자들은 자신들을 위해 싸울 수 없었다. 따라서 그 살인자들은 평화 속에서 살인을 자행했다. 그 희생자들이 어느 나라 사람이든 어떤 인종이었든 역사적으로 이런 평화 시의 공포에 관한 이야기들은 아주 비슷하다.

....

만 명이 전시에 죽었고, 1억 9천 9백 4십만 명이 평시에 정부에 의해 죽임을 당했다. 이 숫자는 1921 – 22년 사이에 소련에서 그리고 1958 – 61년 사이 중국에서 기근으로 죽은 사람들과 비정치적 범죄 행위로 죽은 자들은 포함하지 않고 있다.

인류의 대부분에게 생명은 참으로 값싼 것이었다. 그러한 참혹한 평화에 대한 두려움은 거의 모든 인간들로 하여금 차라리 전쟁을 선택하게 할 것이다. 그런 공포가 전쟁의 가장 원초적 원인 가운데 하나임에 틀림없다. 즉 아주 오랜 옛날부터 인간들은 만일 그들이 무기를 들고 전투에서 자신의 생명을 무릅쓰고 싸우지 않는다면 순식간에 죽임을 당할 것이라는 사실을 알고 있었고, 아니면 기껏해야 노예생활이 기대할 수 있는 최선의 운명임을 알고 있었다. 어느 종교나 문명도, 산업혁명이나 민주혁명, 공산혁명도 핵의 혁명이나 정보혁명도, 대중교육의 확산이나 세계의 공동시장화나 정보의 세계화 등 그 어느 것도 아직 인류의 소위 안보의 딜레마를 극복하지 못했다.

셰익스피어의 말처럼 전쟁이 생지옥일진대 지옥을 찬양할 사람이 있겠는가? 전쟁은 악몽이 아니라 무서운 현실이다. 인류는 전쟁에 종지부를 찍지 못했으며 오늘의 세계는 과거 어느 때 못지 않게 전쟁에 뛰어들 증오심과 폭력수단을 가진 사람들로 가득하다. 오늘날 부국들은 물론이고 심지어 가난하기 그지없는 국가들마저도 얼마나 잘 무장하고 있으며, 더 나은 무장을 위해 얼마나 많은 투자를 하고 있는가를 상기하는 것으로 부족할 것인가? 더

구나 막강한 거인국들에 둘러싸인 채 좁은 한반도에 7천만 주민이 경제적 궁핍도 극복하지 못하면서 최소 1백 5십만이 넘는 잘 무장된 병력이 밤낮으로 대치하고 있는 긴장상태에 살고 있는 한국인들에게 전쟁은 결코 단순한 낭만적 호기심의 대상이 아니라 삶 그 자체의 전제조건에 관한 주제이다. 2천년 전 승전행진을 하고 있는 로마의 정복자 뒤에 앉아서 그의 귀에 "모든 영광은 덧없는 것입니다."라고 속삭이던 노예에게 필요했던 만큼이나 오늘날 편안한 사람에 젖어있는 많은 대학생들과 일반인들에게 전쟁에 관한 지식은 필요하다.

전쟁에 관한 무지가 "좋은 사람"의 징표일 수는 없다. 무지는 지적 게으름의 증거일 뿐이다. 토마스 제퍼슨(Thomas Jefferson)이 "교육이란 모든 사람들이 무엇이 자신의 자유를 안전하게 하고 또 위태롭게 할 것인가를 스스로 판단하게 하는 것"이라고 정의했을 때 그는 분명히 군사기술을 커리큘럼에 포함시키는 것을 의미했다. 그는 미국혁명이 단번에 자유를 그들에게 가져다 주었다고 생각하지 않았다. 그는 오히려 자유의 나무는 영원히 애국자들과 독재자들의 피를 흡수해야 한다고 생각했었다.

자유의 필요조건들에 관한 지식은 전쟁의 성격에 관한

이해를 수반한다. 왜냐하면 자유란 그것을 위해 싸울 준비가 되어 있고 용의가 있으며 능력이 있는 사람들에 의해서만 향유될 수 있기 때문이다. 전쟁에 관한 지식은 질병과 수술에 관한 지식이 건강할 때 가장 유용하게 수집될 수 있는 것과 마찬가지로 평화 시에 특히 요구된다. 그런 맥락에서 과거 르네상스 시대의 베니스인들은 "평화 시에 전쟁에 관해 생각하는 국가는 행복하다."고 말했을 것이다. 정치 지도자들의 도구로서 전쟁의 음산한 현실을 게을리하거나, 그것을 입에 담을수 없는 야만으로의 복귀라며 거부하거나, 생물학적 생존에 대한 종말적 위협이라고 무시해 버린다면 그것은 정치의 가장 중요한 구성요소 가운데 하나를 모르는 체하는 자발적 우행으로서 정치 지도자의 기본적 자격을 스스로 포기하는 행위가 될 것이다.

이러한 생각에서 본서는 결코 전쟁을 찬양하거나 전쟁의 영웅들을 흠모해서가 아니라 미래 지도자들에게 필수불가결한 교육에 도움이 될 수 있기를 기대하면서 집필된 것이다. 과거의 역사를 막연하게나마 기억하고 있는 나이 든 세대에겐 우리 민족의 비극의 조건을 다시 상기시키고, 과거를 모르는 세대에겐 잊어서는 안 될 역사를 알려주고 싶은 것이 본 저자의 솔직한 학자적 욕망이다. 특히 오늘의 대학(원)생들은 거의 1세기 전 우리 민족의 운명을 좌우했던 동북아의 국제적 상황에 대해 별로 알지 못하는 세대이다. 최소한 우리 민족의 운명에 관심이 있고 후에 조국의 미래를 개척해 나가고자 준비하는 젊은 남녀 대학(원)생들에게 지적 도움과 자극이 되길 기대한다.

따라서 본서의 집필 목적은 러일전쟁의 연구를 통한 국제정치학의 이론화 작업에 국한되지 않는다. 러일전쟁에 관련된 많은 요인들, 즉 변수들을 하나의 일관성있는 대이론(grand theory)으로 통합시키려고 노력하기보다는 기존의 소위 많은 "이론"들을 활용하여 러일전쟁에 관한 전반적 이해를 모색할 것이다. 국제정치학의 대이론들은 너무 추상적이고 일반적이어서 구체적 사건과 특수한 상황의 이해에 그다지 실용적이지 못하다. 소위 "과학적" 역사가의 효시인 투키디데스가 보여주었듯이 정치에 관한 교육의 과업을 달성하기 위해서는 그런 대이론은 다른 분석의 형식들을 수반해야만 한다.[2] 존 가네트(John Garnett)가 상기시키듯이 1960년부터 국제정치학 분야에서 대학

....

2 Clifford Orwin, "Thucydides' Contest: Thucydidean "Methodology" in Context," *Review of Politics*, Vol.51, No.3, Summer 1989, p. 358.

원생들은 정치철학, 역사 혹은 특정된 국가에 관한 별다른 지식이 없이도 박사학위를 취득하는 것이 가능했었다.[3] 1950년대 이래 이론적 일관성에 대한 국제정치학의 강박관념은 소위 "과학적 이론"의 추구에 전념했기 때문이다. 그러나 그런 이론들은 국가행위에 관한 어떤 총체적 가정을 해야만 했었다. 그러나 국가행위란 실제로 구체적 인간들의 행위이며 모든 인간들이 똑같은 동기를 공유하지는 않는다. 다시 가네트가 지적했듯이 어떤 "정밀한"(elegant) 이론도 개인들과 여러 사회의 특수성을 설명하지 못하며 그런 어떤 이론도 인간과 국가의 문제에서 우연적인 것, 뜻밖의 사고 그리고 불예측성을 설명할 수 없다.[4] 따라서 에드먼드 버크(Edmund Burke)의 주장처럼, 정치가들의 재량의 영토는 이론이 들어갈 수 없는 영역일지도 모른다.[5]

....

3 John C. Garnett, *Common Sense and the Theory of International Politics*, Albany, New York: State University of New York Press, 1984, p. 12.

4 *Ibid.*, p. 5.

5 Howard B. White, "Edmund Burke on Political Theory and Practice," *Social Research*, March 1950, p. 106. 화이트는 버크가 정치원칙들을 구체적 상황에 적용하는 어려움과 위험성을 거듭 지적함으로써 정치학에 특별히 기여했다고 주장한다. *Ibid.*, p. 107.

어떤 특정된 국가가, 본서에선 러시아나 일본이, 왜 그때 그렇게 행동했는가를 이해하려 한다면 학자는 그 국가의 정치 지도자들의 입장으로 돌아가서 상상력을 동원하는 명상을 해야 할 것이다. 그것이 2천 5백년 전 투키디데스가 취했고 또한 우리 시대엔 레이몽 아롱이 권유하는 방법이다. 학자는 진정 현실세계를 이해하려고 노력하기보다는 당시 사람들이 세계의 현실을 어떻게 생각하고 있었는가를 이해하려고 노력해야만 한다. 아무리 그들의 생각들이 순진하고, 폭력적이고, 고집스런 것이었다고 할지라도, 즉 아무리 그런 생각들이 비현실적이었다고 할지라도 그것들이 정치 지도자들로 하여금 행동하게 했던 것이므로 학자는 그들 자신들이 이해했던 그대로 그들을 이해하려고 노력해야만 할 것이다.[6]

두 접근방법은 다 같이 유익하지만 과학적 방법만으로는 그것이 너무 추상적이어서 학문의 세계 밖에선 별로

....

[6] Laurice M. Johnson Bagby, "Thucydidean Realism: Between Athens and Melos," *Security Studies*, Vol.5, No.2, Winter 1995/96, p. 192. 이것은 정치철학 분야에서 소위 레오 스트라우스 (Leo Strauss) 학파의 변함없는 접근방법이기도 하다. 저자의 그런 정치철학적 시도로서는, 강성학, 『소크라테스와 시이저: 정의, 평화 그리고 권력』, 서울: 박영사, 1997을 참조.

유용하지 못하다는 것을 우리는 인식해야만 한다. 왜냐하면 과학적 방법이란 학자가 아닌 사람들이 이해하기 어려울 뿐만 아니라 실제 세계의 사건들과 밀접하게 관련되어 있음을 보여주지 못하기 때문이다. 어떤 주어진 상황에 대해 보다 정확하게 예측할 뿐만 아니라 사건들을 적절하게 설명하고자 한다면 우리는 전통적 학자들의 소위 "문학적" 방법을 이용해야만 할 것이다.

본서가 탄생하는 데에는 무려 20년이나 걸린 셈이다. 지난 20년간 본서의 집필에만 매달린 것은 아니었지만 처음 주제의 결정에서 오늘까지를 계산하면 꼭 20년이 된다. 20년만에 완성된(?) 저작이 이 정도밖에 안 되느냐고 누가 힐난한다면 대꾸할 말이 없다. 다만 저자는 본서가 준비되고 집필되는 20년 동안 받은 고마운 분들의 은혜와 도움을 여기에 기록하고 싶을 뿐이다. 저자가 1970년대 중반 처음 풀브라이트(Fulbright) 장학생 선발시험에 지원했을 때 "동북아의 국제체제적 연구"를 연구계획서로 제출했었다. 그리고 1970년대 말 노던 일리노이 대학교 대학원에서 종합시험에 합격한 직후 당시 지도교수였던 로렌스 핑켈슈타인(Lawrence S. Finkelstein) 교수에게 학위논문 주제로 러일전쟁을 결정했다고 말했을 때 그 분은 몹

시 의아해 했었다. 당시 국제정치학 분야에서 소위 상호
의존이론과 정치경제이론 그리고 소위 신현실주의이론이
막 등장하여 각광을 받고 있던 때에 웬 난데없는 전쟁, 그
것도 사실상 학계에서 완전히 잊혀지다시피 한 러일전쟁
을 박사학위논문 주제로 하겠다고 했으니 그 분이 무척
의아해 하는 것은 너무도 당연했다. 저자는 러일전쟁의
중요성이 유럽 중심의 세계사적 관점에선 제1차 세계대
전에 의해 완전히 압도되어 버렸지만 한국인의 관점에서
본다면 제1차 세계대전 때 한국은 세계지도 상에 있지도
않았을 뿐만 아니라 그렇게 된 한국의 비극은 러일전쟁의
결과 때문이었으므로 한국인에겐 이 전쟁만큼 중요한 연
구주제도 없다고 주장했다. 그리고 그동안 자료수집을 포
함하여 나름대로 준비해 왔다는 사실과 이런 저런 추가적
말씀을 더 드렸던 것으로 기억한다. 그런 과정에서 비로
소 본인의 주제 선택을 인정하겠다는 표정을 읽을 수 있
었다.

그러나 갑자기 그 분은 저자가 역사학적 훈련을 받은
경험이 있는지를 물으셨다. 저자는 기존의 러일전쟁사를
뒤엎는 야심적인 새로운 역사학의 논문을 쓰겠다는 것이
아니라 기존 역사학자들의 작품에 의존하여 국제정치의

이론과 접목시켜 역사와 이론을 접목시키는 하나의 시도로서 레이몽 아롱(Raymond Aron)과 스탠리 호프만(Stanley Hoffmann)이 주장하는 소위 "역사사회학적 접근 방법"을 러일전쟁에 적용하는 것이라고 답했다. 이 접근방법은 고려대학교 대학원에서 당시 석사학위 지도교수였던 김경원 박사님으로부터 처음 듣고 또 배운 것이었다. 그 분의 영문 저서 『혁명과 국제체제』(*Revolution and International System*)는 학창시절 저자에게 이미 깊은 감명을 주었었다. 특히 저자가 러일전쟁의 원인 분석에 당시 모턴 프리쉬(Morton Frisch) 교수의 정치철학 코스워크에서 비교적 상세히 공부했던 투키디데스(Thucydides)의 분석방법을 원용하겠다 했을 때 부전공으로 하고 있던 정치철학에 대한 저자의 애착을 이미 잘 알고 있던 핑켈슈타인 교수는 마침내 저자의 요청을 승낙했을 뿐만 아니라 더 나아가서 시드니 페이(Sidney Fay)가 제1차 세계대전의 분석에 투키디데스의 방법을 이미 활용했다면서 참고할 것을 권유하셨다. 그 후 그 분은 자신이 소장하고 있는 관련 서적들도 종종 저자에게 가져다 주시면서 참고하도록 지도했고 학위논문과 관련하여 기회 있을 때마다 소크라테스식의 지도를 인내와 친절 그리고 채찍과 통찰력으로 계속해 주셨다. 지금도 여전히 나는 그 분을 만나게 된 것이 내 인생에 있어서 참으로 중요한 행운이었다고 믿고 있다.

마침내 1980년 10월 논문 심사 때 본인의 "과감한" 주장들에 대해 심사위원들이 별다른 반론을 제기하진 않았지만 본인은 이 짧고 간단한 논문이 책으로 출판되기 위해서는 많은 보완이 필요하다는 것을 스스로 알고 있었다. 귀국 후 모교의 강단에서 줄곧 외교사와 국제정치이론 과목들을 가르치면서도 책으로 출판하기 위해 그 논문을 보완할 기회는 좀처럼 찾아오지 않았다. 그러나 핑켈슈타인 교수님은 종종 관련 문헌을 보내 주시면서 꾸준히 태평양 횡단 교육을 계속 하셨다. 그 분의 그러한 참스승으로서의 헌신과 본인에 대한 믿음은 참으로 저자에겐 행복이요 축복이었다. 언젠가 학위논문을 책으로 출판하여 그 분께 헌정하겠다는 생각이 떠나질 않았다.

그러나 80년대 초의 대학교수들이 잘 알고 있듯이 주당 15시간씩의 많은 강의 부담과 학생 지도 그리고 일상적 삶의 번거로움으로 인하여 수집된 자료들을 쌓아 두는 것으로 끝났다. 그러다가 1986년 저자의 첫 안식년에 당시 영국정부의 펠로우쉽을 획득하는 행운을 얻어 런던경제정치대학(L.S.E.)에서 본격적으로 역사공부를 다시 시작했다. 러일전쟁에 관한 서적들뿐만 아니라 많은 다른 흥미로운 서적들을 모두 읽으려고 욕심을 부렸으며 또 펠로우쉽을 받게 된 별도의 논문을 완성해야 하는 부담으로 저자는 러일전쟁에 관한 연구를 끝내지 못한 채 귀국하고 말았다. 당시 완성한 논문 "American Foreign Policy Toward East Asia: From Godfather to Outsider?"의 출판(*Korea and World Affairs*, Vol.11, No.4, Winter 1987)에 만족해야만 했다. 그 후 해외 펠로우쉽을 받을 기회는 좀처럼 오지 않았다. 그리하여 두 번째 안식년을 갖지 못한 채 그동안 주로 발표된 논문을 묶어서 『카멜레온과 시지프스』, 『이아고와 카산드라』, 『소크라테스와 시이저』 등의 책으로 발간하여 제1회 국제정치학회 저술상 수상과 같은 과분한 대접과 관대한 평가를 받았다.

1997년 저자는 그동안 준비해 온 러일전쟁에 관한 연구를 완결시켜 출판해야겠다고 결심하고 학교당국에 1998년의 연구년(안식년)을 신청하고 본격적인 집필에 착수했다. 연말쯤 일본 와세다(早稻田) 대학에 1998년 겨울 3개월 동안 교환교수로 파견해 주는 고려대학교의 고마운 결정을 통보 받고 이왕 일본에 갈 바에야 1998년 학기 초부터 일본의 대학들이 소장하고 있는 자료들도 참조하여 일본에서 집필을 계속하고 싶어졌다. 따라서 일본국제교류기금 펠로우쉽(The Japan Foundation Fellowship)을 신청하게 되었다. 고려대학교의 한승주 교수님과 연세대학교의 안병준 교수님, 그리고 일본 도쿄(東京)대학의 다카시 이노구찌(Takashi Inoguchi) 교수님의 각별하고 분에 넘치는 추천의 덕택으로 6개월 간의 펠로우쉽을 받아 도일하여 도쿄대학 동양문화연구소 7층에 연구실을 확보하고 연구와 집필을 계속할 수 있었다. 이노구찌 교수의 특별한 호의로 확보된 그 연구실 공간에서의 나날들은 저자에게 참으로 의미 깊고 중요한 시간이 되었다. 이 공간과 시간을 이용하여 저자는 계획한 저서의 편집을 수정하고 여러 개의 장을 새로 추가하여 원래의 계획보다 크게 확대된 현재 모습의 책을 집필할 수 있었다.

제 3 장

카멜레온과 시지프스: 변천하는 국제질서와 한국의 안보, 서울: 나남출판, 1995

> "전쟁은 카멜레온과 같은 것이다."
> — 칼 폰 클라우제비츠(*Carl von Clausewitz*)

> "전쟁은 물과 같이 일정한 형태가 없다."
> — 손자(孫子)

그리이스 신화에 따르면 신들은 시지프스로 하여금 산 꼭대기까지 바위를 밀고 올라가는 벌을 주었다. 그러나 그 바위는 산 위까지 밀고 올라가면 다시 굴러 떨어져 버린다. 신들은 시지프스에게 성공의 가능성이 없는 가장 절망적인 노역을 부과한 것이다. 시지프스의 이런 고통스런 운명은 문자 그대로 우리 민족 우리 세대의 운명을 가장 상징적으로 표현해 준다. 왜냐하면 우리 민족의 숙원인 남북통일과 안보의 실현은 우리 세대의 지난 반세기의 온갖 고통과 희생의 노력에도 불구하고 아직도 아득하게 먼 것처럼 느껴지기 때문이다.

평화는 균형의 산물이지 단순한 소망에 주어지는 자선의 선물이 아니다. 바로 이러한 인류역사의 경험 때문에 "평화를 원하거든 전쟁을 준비하라"는 로마의 역설적인 격언이 오늘날까지도 모든 국가의 안보정책이 서 있는 기저가 되고 있는 것이다. 우리 시대의 '힘을 통한 평화'란 바로 그런 원칙의 현대적 표현이다. 우리는 그러한 원칙에서 경솔하게 벗어날 수 없다. 형제의 뒤통수를 쳤고, 또 치려는 '카인'과 낮과 밤을 함께 할 수밖에 없는 우리의 현실 속에서 힘의 열세나 부재는 침략의 유혹을 부추기며 궁극적으로 자멸을 초래할 수도 있기 때문이다.

국가의 이성은 생존과 번영이지 결코 삶의 포기나 자살이 아니다. 개인은 숭고한 이상을 위해 순교할 수 있다. 그러나 국가에겐 생존을 초월한 이상은 존재하지 않는다. 따라서 우리에게 필요한 것은 확고한 안보정책과 침략을 억제할 수 있는 힘을 갖추면서 동시에 한반도의 긴장을 완화시키는 제반 노력을 경주하는 일이다. 여기서 건전한 안보정책과 탄탄한 국력은 국민들의 정신, 즉 각자의 창조적 능력과 희생의 용이성에 달려 있다. 광범위한 국민적 애국심과 국민적 합의가 결여된 경우의 안보정책은 하나의 사상누각일 수밖에 없다.

애국심과 국민적 합의란 국가적 목표와 국민적 가치에 대한 공유를 의미하며 이것은 본질적으로 선의의 삶의 경쟁을 위한 합의된 절차의 확립을 의미한다. 우리 민족의 숙원인 남북한 평화적 통일의 길은 아직도 멀고 험하다. 그러나 통일의 문제에 있어 우리는 양자택일의 자세를 경계해야 한다. 즉 통일은 무력으로만 가능하다고 믿는 것이 그 하나이고, 통일은 전쟁을 의미하기 때문에 포기해야 한다는 입장이 또 하나이다. 이런 양자택일적 입장은 호소력은 있으나 오도된 것이다. 왜냐하면 미래는 통일과 평화 사이의 선택으로만 제한되어 있는 것이 아니기 때문이다. 그렇다고 몇 차례의 회담이 곧 통일로 귀결될 것이라는 지나친 기대는 국제정치의 기본적 원리를 모르거나 아니면 의도적인 부인 행위이다. 통일은 힘겨운 노력과 비싼 대가 없이는 성취되지 않을 것이다.

확실한 것은 우리의 행동과 자세가 궁극적으로 미래를

결정할 수 있으며 통일을 가능하게도, 앞당길 수도, 또 지연시킬 수도 있다는 사실이다. 특히 통일을 위해서는 전쟁이 불가피하다는 생각은 실제적인 노력을 하는 데 필요한 에너지를 분산시키고 정치적 상상력을 마비시키며 체념과 숙명론을 자아낼 수 있다. 지나친 기대나 낙관론은 견디기 어려운 실망과 좌절을 경험하게 할 것이다. 오직 조심스러운 조치들과 점진적인 노력들이 필요하고 또 중요하다. 미래란 단기적인 행동의 누적으로 이루어지는 것으로서 오늘의 작은 개선과 발전이 언젠가는 극적으로 다른 세계를 가져올 수 있다. 누진적 진보는 기적의 어머니이기 때문이다.

우리는 분단의 질병을 앓고 있다. 이 질병은 한반도의 평화적 통일로만 치유될 수 있는 것이다. 무력통일은 질병을 치료한다면서 환자를 죽이는 어리석은 살인행위이다. 따라서 우리는 무력통일이 아닌 한반도의 긴장완화와 상호 믿음의 구축 위에서 평화적인 민족통일을 모색해야 한다. 근대 의학에서도 질병 그 자체의 원인에 대한 공격 이전에 징후를 치료하는 것이 종종 불가피하다. 즉 먼저 상승하는 체온을 내리게 하는 것과 같은 조치가 우선이다. 우리 민족의 생존을 보장하면서 분단의 질병을 궁극적으로 극복하기 위해서는 우선 한반도를 중심으로 한 동북아 지역체제를 안정시키는 일이다. 이것은 남북한 뿐아니라 이 지역 체제의 모든 구성원들 사이에 지역적 국제질서에 대한 공동의 개념과 인식을 창조하는 것이 필요하며 이것은 기본적으로 역사철학적 도전이다. 결국 이것은 지성의 문제로 귀결된다.

"자신은 아무런 지적 영향을 받지 않고 있다는 실용적인 사람들도 보통은 어떤 죽은 경제학자의 노예이다." 존 케인즈(John Maynard Keynes)의 말이다. 이것은 실질적 경험만을 지나치게 강조한 나머지 '이론'의 무용성을 주장하는 경제정책결정자들에게 주는 이론가의 반박이다. 그러나 국제정치학, 특히 외교정책분야에서 정책결정자들과 학자들은 이론과 실천 사이에 중요한 간격이 존재함을 오랫동안 인식해 왔다. 이런 간격은 학계와 정부 간의 상이한 두 문화의 갈등에서 기인한다. 정책결정자의 입장에서 보면 학자는 지나치게 '학술적'이어서 흔히 추상과 전문용어의 세계 속에 침잠하는 경향이 있다. 학자는 시간적 구속을 받지 않는다. 그러나 정책결정자는 완전히 만족스러운 분석이 끝나기 전에 불완전한 정보만 가지고 거의 언제나 행동해야만 한다. 이러한 점에서 즈비그뉴 브

레진스키(Zbigniew Brzezinski)는 대학에서 수행되는 연구의 약 90%가 정책결정자들에게는 쓸모가 없고 적실성이 없다고 말했던 것이다.

반면에 학자들은 정책결정자들이 지나치게 제멋대로이고 임시변통적이며 무비판적으로 어떤 유행하는 방정식이나 역사적 교훈을 적용하려 든다고 불평한다. 학자들에게 정책결정자들은 지나치게 직감적 판단을 믿고 단순하게 일반화한다고 보여진다. 그러나 인간의 마음이란 어떤 행동을 취하거나 결정을 내리려 할 때 상황에 대한 아주 단순화된 '지도'를 필요로 하는 것이다. 정책결정자들은 학자들과는 달리 모든 사실이 드러날 때까지 마냥 기다릴 수 없는 것이다.

지성과 정책, 즉 이론과 실천 사이엔 영원히 다리를 놓을 수 없는 것인지도 모른다. 그럼에도 불구하고 국제정치학은 아이러니컬하게도 지나치게 정책지향적으로 치우쳐 철학적으로 빈곤하다는 비판을 받아 왔다. 바꾸어 말하면, 국제정치학은 그동안 지나치게 '군주를 위한 권고안'을 작성함으로써 지성적 토대가 취약하다는 비판을 받아 왔다. 따라서 저자는 1994년 5월 10일 한국국제정치학회 《학회소식》 제64호의 전문에서 국제정치학의 철학적 빈곤에서 벗어나기 위해 다음과 같이 제언했었다.

　　"사회과학으로서 국제정치학은 미국적 학문이다. 스탠
리 호프만 교수는 미국에서 태어나 성장한 국제정치학은
너무 당대문제에 집중되어 있고, 현실정치에 너무 가까
우며, 너무 강대국 중심으로서 정책과학에 기울어져 있
다고 비판했다. 그의 비판이 타당한 것이라면 미국의 국
제정치학에 의해 거의 절대적 영향을 받은 한국의 국제
정치학도 그런 비판에서 면제될 수 없다. 우리 자신도 모
르게 우리는 모두 정책분석가로 전락해 버린 것이다. 정
책분석가는 국가적으로 필요하다. 그러나 정책분석이 국
제정치학의 전부여서는 안 된다. 정책분석은 그 기본적
목적과 가정이 불확실해지면 그 유용성을 상실하기 때문
이다. 이런 경우 국제정치학은 지성적 혼돈상태에 빠져
버림으로써 그 존재이유가 의문시된다. 이것은 단순히
학문의 비극이 아니라 우리들의 국제적인 삶 자체의 비
극이 된다. 왜냐하면 지성적 혼돈은 무엇이 올바른 국제
적 목적이며 정당하고 효과적인 수단인가에 대한 이해를
상실시키기 때문이다. 실제로 국제정치학은 냉전의 종식
이후 새롭게 전개되는 국제사회 속에서 그런 위험성에

직면하고 있다고 해도 과언이 아니다.

이러한 현상은 국제정치학의 철학적 빈곤을 노정하는 것이다. 일찍이 토크빌은 미국인들이 철학적이거나 명상적이지 않다는 것을 발견했었다. 미국인들은 상황 저변의 가정과 세력들을 꿰뚫어 봄이 없이 피상적으로만 문제들을 취급한다. 따라서 미국적 국제정치학은 나름대로의 철학적 체계로 도전하는 이른바 마르크스—레닌주의식의 제국주의 이론에 의해서 강력하게 도전받았던 것이다. 이것은 미국적 국제정치학이 철학적 근거가 없고 인식론적 입장이 전혀 없다는 것이 아니라 거의 도그마적 근거와 입장 위에서만 전개됨으로써 다양한 철학적 조망들을 망각해 버렸다는 것이 더 정확한 진단이 될 것이다. 그러나 비철학적이든 아니면 철학을 망각했든 그 결과는 철학의 빈곤으로 귀결되었다. 이제 그 빈곤으로부터 벗어날 때가 온 것 같다.

정치철학은 역사와 함께 인문사회과학의 실험실이다. 또한 철학적 방법의 장점은 끊임없이 변하는 현실 속에서 사유의 변덕과 이론적 유행으로부터 상대적인 희망 사이의 균형을 잡는 데 도움이 되며 힘, 정의, 권위, 공동체 등과 같은 역사적 개념을 설명하고, 평화와 질서, 도덕과 정치, 변화와 지속의 관계 같은 반복되는 문제들에 관해 우리의 시야를 밝혀 준다.

두말할 것도 없이 국제정치학에서 가장 간과되어 온 것은 고전 정치 철학자들이다. 그들은 고대 도시국가나 교회나 황제 등에 대해 말했기 때문에 현대 국제정치에 관해서는 아무 것도 가르쳐 주는 것이 없다고 가정되었다. 그러나 우리 모두의 스승인 한스 모겐소도 홉스, 베버, 니체, 비스마르크뿐만 아니라 바로 고전철학자인 아리스토텔레스에 경의를 표했으며 시카고 대학에서 아리스토텔레스의 현대적 적실성에 관한 세미나를 수년간 열었다. 모겐소의 스승인 라인홀드 니버는 아우구스티누스 없이 생각할 수 없다. 또한 알프레드 노스 화이트헤드의 주장처럼 플라톤 이후의 모든 정치사상이 플라톤 사상의 각주에 지나지 않는다면 우리 모두는 플라톤으로 돌아가야 한다. 플라톤을 통해 우리는 정의의 의미와 최선의 정체, 국가 내 및 국가 간 도덕, 전쟁의 원인과 평화의 조건, 인간과 정치적 인간의 본성, 정치적 지혜와 객관적 진리를 이해하게 된다.

국제정치학은 플라톤 이전으로 더 거슬러 가야 한다. 이른바 정치적 현실주의의 효시인 투키디데스는 전쟁의 원인과 국내정체의 특징과 지도자들의 특성에 의해 어떻게 평화가 깨어지고 이른바 자연상태로 추락하는가를 탈이념적으로 기술했다. 그런 의미에서 투키디데스는 역사가임과 동시에 그리스의 철학자였다. 뿐만 아니라 철학적 배경과 문명적 배경은 긴밀한 관계를 갖는다. 상이한 문명은 상이한 가치관을 낳는다. 그리하여 무엇이 좋고 나쁜가, 무엇이 아름답고 추한가, 무엇이 자연스럽고 부자연스러운가, 무엇이 합리적이고 불합리하며, 무엇이 정상이고 비정상인가를 결정한다. 이른바 '문명 충돌'의 예방은 상이한 문명의 철학적 토대에 대한 이해를 요구한다. 따라서 동서양 문명의 철학적 탐구는 우리 시대의 지상명령이 되고 있다. 철학이 없이는 지혜란 지식 속에, 그리고 지식은 정보 속에서 함몰되어 버린다. 요컨대 지금은 지성적 혼돈을 겪고 있는 국제정치학이 근원적 정치철학의 품안으로 돌아갈 때이다."

국제관계의 연구는 하나의 포괄적이고 일관성 있는 이론을 갖고 있지 못하다. 현단계에서 국제정치 이론이란 통계적 확률로도 표현되지 못하고 있으며 단지 가능성의 천명에 그치고 있다. 이론화 작업은 분열되어 있고 잘 발전되지도 못했으며 국제정치학계는 종종 강렬한 논란을 경험해 오고 있다. 최근 국제관계 이론가들 사이에 벌어지고 있는 이른바 '제3의 토론'의 대부분은 인식론적이고 규범적인 문제들에 집중되어 있다. 특히 냉전의 종식과 함께 국제정치학계는 근본적인 지성적 혼돈 상태에 빠져 있는 느낌이다.

이 책은 이상의 몇 가지 국제정치학의 문제점들을 염두에 두고서 가능한한 철학적 논술과 이론의 적용을 시도하면서 작성된 것이다. 국제관계는 흔히 '급변하는'이라는 형용사와 함께 사용되지만 언론매체에서 보도하는 것처럼 그렇게 급변하는 것이 아니라 항상 조금씩 변하고 있다. 그 점진적 변화의 결과를 우리가 갑자기 인식하는 것뿐이다. 항상 변화하는 국제사회 속에서도 국가안보라는 지상명령은 그 가치를 상실하지 않는다. 왜냐하면 안전이란 인간이 추구하는 가치 가운데 하나임과 동시에 다른 가치 추구를 가능케 하는 전제가 되기 때문이다. 바로 이러한 인식에서 저자는 이 책의 제목을 《카멜레온과 시지프스》로 잡았다. 국제사회는 카멜레온처럼 항상 변하지만 안보란 시지프스처럼 영원이 추구해야 할 대상으로 간주되고 있기 때문이다.

제 4 장
이아고와 카산드라: 항공력 시대의 미국과 한국,
서울: 도서출판 오름, 1997

상호간 정직성의 확신과 여러 가지 부문에서 어떤 같은 마음이 없다면 서로 다른 사람 간에 진정한 우정이나 서로 다른 국가 간에 진정한 공동체는 결코 있을 수 없는 것이다. 왜냐하면 사람들이 다르게 생각하면 그들은 서로 다르게 행동할 것이기 때문이다.

— 투키디데스(*Thucydides*)

아리스토텔레스와는 달리 '우정'이란 말을 상호 '이용 가치'에 기초한 관계에 적용하지 않는다면, 국제사회에서 동맹이란 국가 간의 '우정'이 아니다. 동맹은 이해관계와 결코 무관할 수 없으며, 클라우제비츠의 지적처럼 동맹관계란 본질적으로 비즈니스 관계이기 때문이다. 우정이란 자신의 벗을 위해 목숨까지도 걸 수 있지만 그런 정도의 희생은 자국 국민들의 이익 보호를 의무로 하는 어떤 정부에도 허용될 수 없다. 우정과는 달리 동맹의 목적은 동맹국들의 국가이익을 향상시키기 위한 것일 뿐이다. 그러나 동맹 국가 간의 국가이익이 항상 일치하지는 않는다. 특히 동맹국가들 사이의 상대적 힘과 국가적 지위의 불균등이 존재할 때 그 동맹관계는 국제적 조건이 변하면 기존의 공동이익과 그에 관한 관련 국가지도자들과 국민들의 인식에 변화를 초래할 수밖에 없다.

20세기 말 냉전체제의 종식과 소련 제국의 붕괴로 인해 냉전시대에 결성된 한·미 간의 동맹체제도 어떤 변화를 경험할 수밖에 없게 되었다. 전통적 한·미 관계는 분명히 변하고 있다. 우리가 의식하든 못하든, 우리가 원하든 원치 않든, 동북아 특히 한반도의 미래에 관한 양국의 입장은 느리지만 분명히 변하고 있다. 왜 그럴까? 그리고 변한다면, 어떻게 얼마나 달라질까? 민족분단의 고통과 그에 따른 제2의 민족상잔의 위협 속에서 엄청난 대가를 지불하면서 살고 있는 우리에게 그런 의문은 학문적인 관심일 뿐 아니라 우리 모두의 생존과 나아가서 한민족의 미래에 관한 실제적인 우리 모두의 관심이 아닐 수 없다.

　미국은 숨막히게 혹독했던 일본제국의 굴레로부터 우리들을 벗겨 준 '해방자'로, 그리고 그 이후 한국의 안보문제에선 마치 '대부'(代父)처럼, 그리고 경제적으로는 '유모'처럼 우리를 도왔다. 그 길었던 냉전의 시기에 미국은 순전히 자국의 이익보다는 이른바 '자유진영'의 주도국으로서 거의 모든 것을 '공산진영'과의 대결이라는 정치적 고려에 의해서 결정했다. 또한 미국은 우리에게 믿을 만하고 유일한 우방이었으며 공산주의의 직접적 위협 앞에서 한국의 안보외교정책은 미국의 세계정책에 '편승'할 수밖에 없었다. 그러나 이것은 '미제국주의'의 강압에 굴복했다기보다는 우리 자신을 위한 거의 자발적인 선택이었다고 해도 과언이 아니다. 한국안보의 보루인 한미동맹체제는 '불평등'했지만, 양국의 국력과 지위를 고려할 때 그 관계를 '정의롭지' 못한 일방적 종속과 지배관계로 인식할 수는 없는 국제사회에서는 '자연스러운' 현상이었다.

　그러나 1960년대 후반 계속된 월남전은 1세기 전 남북전쟁 이래 미국 사회를 가장 분열시키면서 미국을 국내외적 곤경으로 몰아넣었다. 따라서 미국의 정치지도자들은 제2차 대전 직후 트루먼 독트린으로부터 시작된 미국의 세계정책에 근본적인 재검토를 하지 않을 수 없었다. 그 결과는 1969년 '닉슨 독트린'으로 선언되었으며 그때부터 미국의 대외정책은 새로운 방향으로 접어들었다. 그러나 미국외교정책의 급격한 변화가 국제적 안전과 평화에 미칠 위험스런 부정적 영향의 고려와 그것이 야기할 정치적 혼란의 예상은 미국정책의 변화속도를 아주 느리게 만들었다. 그러나 냉전 종식과 걸프전의 결과는 유일한 초강대국으로서 미국의 지위를 급격히 부상시켰다.

오늘날 미국은 세계질서의 유지와 평화적 변화, 즉 국제안전과 평화를 위해 냉전시대와 같은 역할과 부담을 계속할 의향이 없어 보이는 반면에 미국의 역할은 그 어느 때보다도 결정적인 것이 되어 버렸다. 그 결과 미국인들은 한반도의 문제에 대해 과거와는 다르게 접근할 것으로 예상된다. 이제 탈냉전시대의 미국의 역할은 진영의 공동이익을 우선시했던 냉전시대의 '대부'에서, 독자적 미국이익을 최우선시하는 일종의 '이아고'로 변모해 갈 것이다.

이아고는 셰익스피어의 피조물이다. 드라마 『오셀로』 (*Othello*)에 등장하는 이아고는 냉소적이고 세속적인 인간이었으며 이상주의적이고 고결한 오셀로로 하여금 자신의 시각으로 세상을 보게 만든다. 앞으로 미국이 자국이익만을 추구할 때, 미국은 '국제적 이아고'가 될 것이다. 이아고는 자신을 포함하여 모든 사람을 불행하게 만들었다. 따라서 우리는 '카산드라'처럼 미국에게 경고를 계속해야 할 것이다.

카산드라는 그리스 신화 속의 여인으로 트로이 왕 프리아모스의 딸이었다. 그녀가 트로이에 다가오는 전쟁과 파멸을 경고했으나 아무도 그녀를 믿지 않았다. 그 결과는 호머가 전해주듯 트로이의 멸망이었다. 레이몽 아롱(Raymond Aron)이 말했듯이, 카산드라의 역할은 양심과 항의가 결합된 지혜의 상징이다. 그리스의 '아테나'나 로마의 '미네르바' 같은 신화적 존재와는 달리 카산드라가 가졌던 설득의 한계는 지성의 한계, 혹은 학문의 세계와 실제 정치의 세계와의 메울 수 없는 간격과 해소될 수 없는 긴장을 대변해 주고 있다고 할 수 있을 것이다. 이런 간격과 긴장은 어쩌면 당연하고 또 필요한 것이다. 무한한 상상의 나래를 펴는 학문의 세계와 눈 앞의 문제를 당장 해결하도록 압력을 받는 행동의 정치 세계가 하나가 되어버린다면 그것은 '철인군주'의 세상이 아니라 '리바이어던'의 세상이 되고 말 것이기 때문이다. 따라서 학문의 세계와 정치의 세계 사이의 가장 바람직한 관계는 '상호존경심'에 입각한 적절한 '거리'를 계속 유지하는 것이다.

우리는 사과나무에서 배를 수확하려 기대해선 안 된다. 실제로 정책적 처방의 가치는 기본적 분석력과 결코 무관하지 않을 것이다. 그러나 정책결정자로서나 혹은 정책결정자들을 위해 자문해온 실제적 경험이 없는 저자와 같은 사람이 스스로 자격을 갖추지 못한 역할을 수행함으로써 현실의 당면 문제 해결에 크게 기여하기는 어려울 것이다. 학자가 제공할 수 있는 최선의 유용성은 학술적 분석의 영역에 국한될 것이다. 따라서 학문의 세계는 권력의 세계에 끊임없이 진리를 말하고 닥쳐올 지 모르는 위험을 경고하는 카산드라의 역할을 계속할 수 있을 뿐이다. 그리고 저자는 학문의 세계가 카산드라의 역할을 계속해야 한다고 믿는다.

역사상 가장 크고 참혹했던 제2차 세계대전 중 1945년 7월 16일 뉴멕시코의 알라모고도 근처의 사막에서 인류가 원자의 불을 훔친 이래 '핵전쟁의 위험'과 '핵의 평화'는 마치 벌을 받는 프로메테우스의 시련과 같았다. 그리고 바로 그해 8월 초 일본의 히로시마와 나가사키 위에서 다시 점화된 그 핵폭탄은 전쟁의 성격을 영원히 변질시켜 버린 것처럼 보였다. 왜냐하면 핵무기에 대한 방어수단이 없었기 때문이다. 그러나 핵시대에도 전쟁의 신 '마르스'는 여전히 찾아왔다. 그리하여 수많은 전쟁이 있었다. 핵무기는 미·소 간의 전략적 균형으로 상호 간 전쟁억제가 불안한 상황 속에서는 효과적이었지만 재래식 및 이른바 저강도 전쟁까지 억제해 주지는 못했다. 레이몽 아롱의 지적처럼 미·소 간의 핵균형은 어쩌면 오히려 비핵 차원의 전쟁을 더 빈발하게 했는지도 모른다. 지구운명의 위협 앞에서 미네르바의 부엉이는 날개를 폈고 냉전의 종식은 인간이성에 승리를 가져다 주었다.

그러나 핵의 무서운 그림자가 어느 정도 걷히자 인류에겐 곧 걸프전을 통해 이른바 '이카로스 증후군'이 찾아 들었다. 지울리오 두헤(Giulio Douhet)의 꿈이 걸프전에서 실현된 것이다. 아니 그것은 피카소가 시각적으로 적나라하게 고발한 '게르니카'(Guernica)의 공포가 우리 앞에 새롭게 다가선 것이다. 인류는 진정한 항공력의 위력과 국가안보를 위한 항공력의 절대적 필요성을 걸프전쟁 기간 중 텔레비전 화면을 통해 직접 목격한 것이다. 핵무기가 근본적으로 방어를 위한 최후의 수단이라면 항공력은 탁월한 공격 능력을 대변한다. 뿐만 아니라 항공력은 핵무기처럼 그 자체의 내재적 자제력이 거의 없다. 따라서 모든 국가는 자국의 안보를 위해 충분한 항공력을 확보해야 하는 새로운 정치적 과제에 직면하게 되었다. 한국은 바로 그러한 국가들 중의 하나이다. 왜냐하면 그동안 한국의 안보는 동맹국 미국의 핵우산 속에서 안전을 누리면서 비핵차원의 위협에 대해서는 미국의 공군력과 해군력에 거의 전적으로 의존해 왔기 때문이다. 따라서 미국이 이아고로 변할 때 우리에겐 충분한 항공력과 해군력의 독자적 구비가 무엇보다 절실하다.

제 5 장

강성학 편,
용과 사무라이의 결투: 중일전쟁의 국제정치와 군사전략,
서울: 리북, 2006

> "자기 주변 사람들의 주요 관심사인
> 현재의 연구는 마음의 빈곤화를 초래한다."
> — 마틴 와이트(*Martin wight*)

중국인들이 갑오전쟁이라고 부르고 일본인들이 일청전쟁이라고 부르며 우리 한국인들이 청일전쟁이라고 부르는 이 1894−95년의 중일전쟁은 한민족의 국제정치적 시련과 고통의 본격적인 출발점이었다. 우리 조상들은 고래싸움에 새우 등 터지는 격이라고 아주 냉소적으로 객관화했지만 고래싸움의 목적은 아이러니컬하게도 방관자적 새우를 자처한 한반도를 삼키기 위한 것이었다.

　그 싸움에서 두 고래는 상처를 입을 뿐이지만 새우에겐 생명이 걸린 한 판의 결투였다. 즉 그것은 용과 사무라이가 한반도를 걸고 피터지게 싸운 혈투였다. 그럼에도 불구하고 한국의 역사연구와 교육에서 이 전쟁은 실패한 동학농민혁명 중심의 역사편찬에 묻혀 그 중요성이 상대적으로 소홀히 취급되어 왔다고 해도 과언이 아니다. 이러한 사실은 한국, 중국, 그리고 일본의 역사교과서의 목차만 일별해도 바로 확인될 수 있을 것이다.

　역사에서 가정이란 참으로 부질없는 짓이지만 동학농민혁명이 성공하여 전봉준이 나라님이 되었다면 한반도의 역사가 완전히 다르게 진행되었을까? 아마도 그렇지 못했을 것이다. 성공한 동학혁명의 혁명가들은 중국의 모택동이 결국 20세기의 진시황제가 되고 말았던 것처럼 새로운 전제군주로 귀결되고 말았지 않았을까? 당시 우리 한민족의 소위 민중들과 혁명지도자들의 근대적 정치의식과 체험의 부족과 근대적 외교 기술 그리고 무엇보다도 그것을 뒷받침해 줄 나라의 물리적 힘이 너무도 빈약하지 않았던가? 당시 밀로스 같은 조선왕국이나 혁명정부가 강대국 아테네와 스파르타 같은 중국이나 일본을 상대로

대적해 승리할 수 있었을까? 숙명론에서 사로잡힐 필요는 없겠지만 아마도 아니 거의 확실히 그렇지 못했을 것이다.

당시 조선을 위해 전쟁도 불사하면서 나서는 동맹국이나 제3의 열강이 있었던가? 그렇다고 새로운 근대 국제사회에서 고립을 고집하면서 고독한 국가적 삶이 가능하고 또 바람직하였을까? 개인은 고독한 낭만적 삶을 선호할 수도 있다. 그러나 국가의 고독한 삶이 배고픈 민중들에게 낭만적 만족감을 오랫동안 강요할 수 있었을까? 요즘 들어 이런 의문들이 자꾸 머릿속에서 맴도는 것은 무엇 때문일까?

편저자는 대한제국의 국권상실, 바꾸어 말해 한민족이 나라를 빼앗긴 직접적 계기였던 러일전쟁에 관한 오랜 연구결과를 출간한 뒤(『시베리아 횡단열차와 사무라이: 러일전쟁의 외교와 군사전략』) 이 중일전쟁의 연구에 대한 필요성을 늘 인식하고 있으면서도 이런 저런 이유에서 연구를 시작하지 못했었다. 또한 세월이 빠르게 흐르면서 그럴 열정도 체력도 서서히 스러져 갔다. 그러던 중 2004년 1월 28일 국내의 한 일간지에서 중국의 산둥성이 1894년 청일전쟁 당시 참전했던 청나라 함대의 주력함인 딩위안과 즈위안

호의 복제품을 만들어 자국민들의 애국교육과 관광객 유치에 활용키로 했으며, 중국과학기술개발원이 주축이 돼 진행할 이 사업은 총 9,200만 위안(약 120억 원)의 예산을 투입해 복제군함을 옛 청나라 북양함대사령부가 있었던 산둥성 웨이하이의 류궁다오 공원에 전시할 것이라는 일본 요미우리신문의 인용기사를 접하게 되었다.

거의 잊혀졌던 중일전쟁에 대한 관심이 불현듯 새롭게 되살아나면서 국내의 연구결과물들을 조사한 결과 그 전쟁에 관한 연구가 여전히 부족하다는 결론에 도달하였다. 그러나 혼자서 이 연구에 착수할 엄두가 나질 않았다. 그래서 생각 끝에 본인이 소장으로 있는 고려대학교 평화연구소의 연구프로젝트로 삼아 중국과 일본에서 박사학위를 취득한 연구교수들과 함께 공동연구를 한다면 좋은 종합적 연구결과를 낼 수 있을 것이라고 생각하게 되었다. 그러나 그럴 경우 누가 110년 전의 이 잊혀진 전쟁의 연구프로젝트를 위해 연구비를 지원해 주겠는가? 주변 사람들과의 상의결과는 참으로 암담한 것이었다. 권력을 향한 수많은 소위 정책보고서들과 시사해설집들이 가히 홍수를 이루는 작금에 잊혀진 전쟁 이야기가 관심을 끌기 어렵다는 것이 너무도 자명했다. 그러나 포기하기 어려웠다. 중일전쟁은 16세기 말 일본의 도요토미 히데요시가 7년 동안 한반도의 정복을 도모하고 실패한 뒤 한반도에서 발생한 최초의 근대적 국제전쟁이었을 뿐만 아니라, 이 전쟁은 한반도의 지정학적 관점에서 변할 수 없는 그 어떤 비밀스러운 요소와 국제정치적 논리를 노정했었다. 최소한 이 사건은 단지 전쟁사의 관점에서만 보더라도 매우 중요한 주제가 아닐 수 없다. 따라서 연구비 확보의 전망은 암담했지만 시작이 반이라니 우선 시작부터 하기로 결심하였다.

공동연구가 시작된 뒤 다행히 재정적 지원의 길이 보였다. 그리하여 연구원들이 상상하기 어려운 아득한 옛 전쟁의 감각을 되살리기 위해 방문이 가능한 옛 전투현장들을 실제로 체험하는 것이 필요하겠다는 생각이 들어 방학 중 연구진들과 함께 다롄, 뤼순, 옌타이, 웨이하이, 톈진의 육전현장과 뤼순에서 배로 옌타이까지 황해해전의 현장 및 웨이하이의 북양함대사령부 유지를 견학했다.

보통 관광객들이 가지 않는 곳만 찾아다니다 보니 아주 힘든 여정이었지만 아직도 남아있는 전투의 흔적들과 옛 기록들은 연구에 대한 관심과 열정을 배가시켜 주었다. 우리 연구진들은 연구가 진행되는 동안 수차례의 발표회와 세미나를 통해 부족하고 보완해야 할 점들을 서로 지적해 주면서 연구의 수준을 높여 나갔다. 연구가 거의 마무리 단계에 접어든 2005년 11월 17일을 전후해 "교과서 포럼"에 의한 "근현대사 학습자료"의 분석과 여러 일간지들의 사설과 칼럼은 중일전쟁과 러일전쟁이 국내 역사교과서에서 거의 다뤄지지 않은 문제점을 지적하였다. 이를 접하면서 본 연구의 중요성에 대한 인식이 본 편저자의 고독한 입장만은 아니었다는 사실을 알게 되어 적지 않은 위안을 얻을 수 있었다. 아무쪼록 본서가 앞으로 있을 많은 연구자들에게 더욱 심오하고 완성을 향한 지적 탐구에 작으나마 유익한 참고자료가 되길 바라는 마음 가득하다.

특히 본서의 제목인 중일전쟁과 관련하여 앞서 지적한 바와 마찬가지로 동아시아 삼국 사이에서조차 오랫동안 그 명칭이 통일되지 못하고 우리나라에서는 청일전쟁, 중국에서는 갑오전쟁, 일본에서는 일청전쟁 등으로 명명되고 있는 형편이다. 19세기 말 동아시아에서 발생한 세계사적인 사건인 중일전쟁은 동아시아 각국뿐만 아니라 영국, 러시아 등 열강의 이해가 첨예하게 걸린 전쟁이었으며, 이후 동아시아 국제질서를 규정짓는 중요한 전쟁이었음은 주지하는 바와 마찬가지이다. 설사 당사자인 중일

양국으로 한정하더라도 청일전쟁이라는 명칭은 일개 왕조인 청조와 일본의 전쟁으로 축소시키는 결과를 초래하여 이 사건이 가진 의의를 합당하게 포괄하지 못할 우려가 없지 않을 것이다. 따라서 각 필자들의 다양한 견해가 있을 수 있겠지만 우선 본서 내에서라도 그 명칭을 통일시키는 것이 중요하다고 생각되어 중일전쟁으로 통일하기로 하였다. 이럴 경우 1937년 발발한 중일전쟁과 혼동될 우려가 발생한다. 이러한 이유에서 대만에서는 19세기 말의 전쟁을 제1차 중일전쟁, 1937년의 전쟁을 제2차 중일전쟁으로 명명하기도 한다. 본서에서는 제목과 내용에서 일률적으로 중일전쟁으로 통일하되 본서의 대제목에서 중일전쟁으로 통일하고 뒤에 시기(1894-1895년)를 명기함으로써 이러한 혼란을 피하고자 하였다.

제6장

새우와 고래싸움: 한민족과 국제정치,
서울: 박영사, 2004

"역사는 되풀이하지 않는다. 그러나 인간들은 되풀이한다." 볼테르의 말이다. 내년 2005년은 우리 민족의 외교권, 사실상 주권을 빼앗긴 지 꼭 100년이 되는 해이다. 지난 1세기 동안 우리 민족은 파란만장한 고난의 역사를 뚫고, 이제는 국제사회에서 인정받는 현대국가로 발전하였다. 그렇다고 우리의 민족적 삶의 조건이 완전히 달라진 것 같지는 않다. 오히려 현재의 한반도는 1세기 전의 비극적 역사가 되풀이되는 것이 아닌가 하는 우려를 자아내고 있다.

오늘날 한반도는 승객들의 반이 북한의 핵을 포함한 대량살상무기(WMD)에 묶인 채 난기류를 통과하고 있는 한 대의 비행기와 같은 처지에 놓여 있다. 지금 우리는 한반도라는 이 비행기가 평화의 활주로에 안전하게 착륙할 지 아니면 추락하여 불바다를 이룰 지 알 수 없다. 관제탑에서는 주변 4강들(미, 중, 러, 일)이 이 난기류 속의 비행기를 어찌해야 할지 자국의 안전과 이익을 열심히 계산하고 행동을 위한 호흡을 조절하고 있다.

　그러나 역사의 비극적 감각을 익히지 못한 남한의 위정자들과 소위 맹목적 평화주의자들은 한가롭게 땅 위에서 마치 볼테르의 작품 《캉디드》 속의 팡글로스 박사처럼 모든 것이 결국 잘 끝날 것이라고 믿고 있는 것 같다. 참으로 불안하고 안타까운 상황이다. 역사의 미래는 결코 미리 예정되어 있는 것이 아니기 때문이다. 이라크인들의 비극은 냉전체제가 끝났음에도 후세인이 냉전시대처럼 똑같이 행동했기 때문에 초래되었다면, 한반도의 위기는 냉전체제가 아직 완전히 끝나지 않았는데도 이미 끝난 것처럼 착각하고 행동하는 북한의 시대착오적 천황 같은 김정일 때문일 것이다.

　과거에 핵전쟁의 일보 직전까지 치달았던 쿠바의 핵미

사일 위기는 평화와 안전을 희망하는 국가가 무력 사용의 의지나 용의를 상실한 채 단지 우월한 국력을 갖고 있는 것만으로는 충분하지 않다는 것을 보여 준, 모골이 송연했던 역사적 사건이었다. 나치스의 반인간적 야만의 위험으로부터 서구의 문명을 구원한 20세기의 최고의 정치지도자 윈스턴 처칠이 갈파했듯이, "평화는 공포의 아들"이기 때문이다.

한반도의 소위 제2의 핵 위기 속에서 우리는 '전쟁의 공포' 속에 사로잡혀 올바른 국가정책을 채택하고 실천하는 데 있어서 우리의 사고와 행동이 마비되어서는 안 될 것이다. '두려움'은 마음속에서 잉태된다. 그러나 인간이 마음의 노예로만 그친다면 그동안 인간은 '이성적 존재'로 자처하지 못했을 것이다.

본서는 지난 몇 년간 저자가 고려대학교 정책대학원 원장으로서 정책대학원최고위과정에서 행한 특강과 교육방송(EBS)을 비롯해 다른 곳에서 행했던 강연들의 녹취록을 다듬은 것과 학술지에 실린 논문들을 함께 묶은 것이다. 강연 녹취록과 학술논문은 서로 어울리지 않는 것이지만 학술적 관심이 주된 대학원생이나 동료학자들보다는 학부 학생이나 일반인의 교양서로 활용될 수 있다면 하나로

묶는 것도 가능하지 않을까 하고 생각했다. 사실 학술지나 순수학술서적은 수많은 각주와 함께 읽어나가야 하기 때문에 전철 속에서나 여행하면서 읽기에 부적합하며 독서의 맥이 자주 끊기기 때문에 독서의 맛을 잃게 된다. 따라서 학술논문들의 각주를 모두 없애 통독하기에 편하도록 작성하기로 하였다. 다만 진지한 독서를 위해 각주를 함께 읽기를 원하는 독자들을 위해서 출처를 아래에 밝혀두었다. 그리고 저자의 지적 배경을 밝히기 위해 참고문헌을 통합하여 말미에 싣기로 하였다.

한민족은 전통적으로 자신의 국제정치적 상황을 고래싸움에 새우등 터지는 경우로 인식했다. 힘의 각축을 벌이는 강대국들에 둘러싸인 한민족의 불행한 처지를 이보다 더 적절히 표현하기도 어려울 것이다. 따라서 본서의 제목을 "새우와 고래싸움"으로 정하고 "한민족과 국제정치"를 부제로 달았다. 본서는 총 10장으로 구성되어 있다.

우선 제1장 "한민족과 국제정치: 역사의 교훈과 전망"은 2003년 2학기 고려대 정책대학원 최고위과정 특강의 녹취록을 정리한 것이다.

제2장 "주한미군과 한미관계: 중년의 위기인가 황혼이혼인가?"는《IRI리뷰》, 제7권 제1호(2002년)에 발표된 것

이다.

제3장 "9.11 테러와 김정일 정권의 생존 전망: 민주주의의 바다에서 독재의 섬처럼?"은 《IRI 리뷰》, 제6권 제1호(2001년 겨울/2002년 봄)에 처음 실린 것이다.

제4장 "한국의 안보조건과 공군력 발전 방향: 한국안보의 아틀라스를 향해서"는 공군본부 《군사교리연구》, 제40호(2000년)에 실린 "한국안보의 미래조건과 공군력: 댄서에서 프리마돈나로?"와 《신아세아》, 제9권 제4호(2002년 겨울)에 실린 "주한미군과 한국공군의 발전방향"을 발췌 통합한 것이다.

제5장 "한국 외교정책의 특성: 편승에서 퀴바디스로?"는 원래 한국국제정치학회 주최의 국제회의 발표논문집 〈*Korea in the Age of Globalization and Information*〉(임용순·김기정 편, 1997년)에 게재되었던 "The Korean Style of Foreign Policy: From Bandwagoning to Quo Vadis?"가 《IRI 리뷰》, 제2권 제2호(1997년)에 번역되어 실린 것이다.

제6장 "햇볕정책과 한국의 안보: 북한은 나그네의 외투인가, 솔로몬의 방패인가?"는 '국민의 정부'의 햇볕정책 추진으로 모두가 기대에 부풀었던 시기인 2000년 10월 6

일, 당시 해군 참모총장의 초청으로 계룡대에서 해군을 위한 특별강연의 녹취록을 정리하고 다듬은 것이다.

제7장 "유엔가입과 한국외교: 여우와 고슴도치?"는 한국유엔체제학회가 주최했던 유엔가입 10주년 기념학술회의에서 발표된 《국제정치논총》, 제41집 제4호(2001년)에 실린 것이다.

제8장 "유엔의 인도주의적 개입: 너무 가까이 하기엔 위험한 수렁?"은 2000년 5월 12일 숙명여대 홍규덕 교수의 초청으로 동 대학에서 했던 특강의 녹취록을 정리한 것이다.

제9장 "국제정치이론과 세계의 앞날"은 2000년 1월 교육방송의 〈EBS 세상보기〉에서 21세기 국제정치를 이해하기 위한 필독서를 소개하는 총 4회에 걸친 강의 녹취록을 정리한 것이다. 방송시간이 각 회당 38분으로 제한되어 충분한 내용을 다루지 못한 아쉬움이 남는다.

제10장 "전환기 한국안보를 위한 지혜로운 부엉이의 목소리"는 한국정치학회의 요청에 따라 작성한 서평으로 《한국정치학회보》, 제35집 제2호(2001년)에 실린 것이다.

"좋은 아이디어가 있으면 반복하라." 노벨경제학상 수상자인 바실리 레온티예프(Wassily Leontief)의 말이다. 저자가 본서에서 얼마나 좋은 아이디어들을 담아냈는지는 알 수 없지만, 강의 녹취록 부분에서 이미 논문에 썼던 몇몇 아이디어들을 반복한 것이 이곳저곳에서 발견될 것이다. 그러나 반복된 것이라고 해서 모두 솎아 낸다면 녹취된 강의가 생명력을 잃게 되어 대부분 그대로 두었다. 주제가 다른 각 장은 독립적으로 읽혀져야 할 것이기 때문이다. 다만 투키디데스의 밀로스 대화 편의 인용을 두 번의 특강 녹취록에 그대로 유지할 수 없어 두 번째 녹취록에서는 이를 간단히 요약하고 끝에 그 사실을 명기해 두었다.

제 7 장

인간神과 평화의 바벨탑: 국제정치의 원칙과 평화를 위한 세계헌정질서의 모색,

서울: 고려대출판부, 2006

> 나는 아무것도 발명하거나 발견하지 않았다. 나는 단지 전통적 지혜를 재발견하고 그것을 현재의 문제들에 적용하려고 노력했을 뿐이다.
>
> — 한스 J. 모겐소(*Hans J. Morgenthau*)

저자는 본서를 마키아벨리처럼 통치권자를 위한 비망록이나 소위 대권 야심가들을 위한 정책보고서로 작성하지 않았다. 그렇다고 해서 본서가 동료 교수들이나 학자들 앞에 새로운 과학적 이론이나 혹은 새롭게 발견된 지식, 혹은 시적 창의력이나 미래를 꿰뚫는 역사적 통찰력을 과시하기 위해 작성된 것도 아니다. 본서는 플라톤처럼 순전히 대학생들의 교육적 목적을 위해 국제정치학 분야에서 오늘날 비교적 소홀히 취급되는 과거에 축적된 지식과 지혜를 오늘의 대학생들에게 전달하려는 일종의 역사철학적 교과서로서 작성한 것이다. 물론 국제정치의 현상에 관심이 있을 일반인들도 염두에 두고 있었다. 그러나 동시에, 저자는 누구보다도 미래의 정치 지도자가 되려는 야심찬 젊은이들에게 본서의 정독을 통해 올바른 국제정치적 안목을 계발하는 데 큰 도움이 되기를 바라는 은밀한 욕심도 솔직하게 고백하고자 한다. 따라서 어떤 국제정치의 문제에 대한 간단한 답안 작성을 위해 잠깐 일별하려 하거나 목차나 색인을 이용하여 손쉽게 도움을 받을 수 있는 참고서를 원하는 사람들에겐 본서가 별로 즉각적인 도움이 되지는 못할 것이다. 그 대신에 모든 국제정치현상을 포괄적으로 이해할 수 있는 어떤 국제정치적 조망을 얻을 수 있을 것이다.

언제부터인가 이 땅의 소위 정치 지도자들이 국제정치의 냉혹한 현실을 올바로 인식하지 못한 채 자신의 명예와 권력을 향한 강렬한 의지만으로 세상을 바꾸거나 대한

민국의 국가적 운명을 가르는 한국외교정책을 시대착오적 이데올로기나, 아류의 정치이론, 혹은 어설픈 평화의 독트린에 사로잡혀 무면허 선장처럼 마구잡이로, 몰아붙여 우왕좌왕하는 걸 목격하면서 비극적 운명의 타이타닉호처럼 보이지 않는 국제정치의 거대한 빙산에 부딪쳐 대한민국 호가 침몰하여 승선한 국민 모두가 혹시 수장되는 건 아닐까 하고 불현듯 두려움과 걱정스러운 마음을 갖게 되었다. 용기 있는 정치 지도자의 대담한 결단이 때론 국제적으로 어려운 위기 속에서 나라의 운명을 구하기도 하지만 그런 경우엔 거의 모두가 국외로부터 밀어닥친 심각한 국가적 위기를 국내적 단결을 통해 절망적 분위기를 극복하고 감당하기 어려운 희생을 치르면서도 결코 포기하지 않는 끈질긴 투쟁으로 승리를 쟁취해냈었다. 반면에 지도자들이 자신의 정치적 비전이나 야심의 실현만을 고집하여 비현실적 대외정책을 추진하고 또 국내적으로 희생양을 찾아 분할하여 지배하려 드는 경우에는 국내외적으로 국가적 위기를 초래하여 국가의 운명을 오히려 위태롭게 하였다.

외교정책의 선택은 결과에 대한 근본적인 불확실성 속에서 이루어지기 때문에 본질적으로 도박의 성격을 완전히 배제할 수는 없는 것이지만 그래도 그 정책적 선택은 강력한 희망과 무모한 의지보다는 이성적 목적과 합리적 전략에 입각한 분별력 있는 선택이어야 할 것이다. 따라서 국제정치의 냉혹한 바다에서 대한민국 호가 파도타기에 성공하면서 국가의 번영과 궁극적으로는 통일된 민족의 행복이라는 항구까지 순항하기 위해서는 외교정책의 결정자들에겐 국제정치의 무시할 수 없는 원칙들과 이상의 실현과정에 대한 기나긴 역사적 지식에 입각한 철학적 세계관이 무엇보다도 절실하게 요청된다고 하겠다.

그리하여 본 저자는 한국외교정책의 국제적 배경과 한민족의 외교를 다룬 『새우와 고래싸움』이라는 저서를 2004년 2월에 출간한 직후 국제정치의 본질적이고 항구적인 원칙들과 국제평화수립을 모색했던 역사적 국제회의들을 조사하기로 하였다. 특히 평화의 이상을 실현하고자 전심전력으로 노력했던 우드로 윌슨 대통령에 대한 본격적인 연구도 함께 구상하고 3월부터 준비 작업에 착수하였다. 우선 유엔의 창설과정에 참여하여 유엔 헌정 질서의 탄생을 직접 목격한 영원한 이상주의자요, 유엔의 변함없는 연인인, 미국의 옛 지도교수였던 로렌스 핑켈슈타인(Lawrence S. Finkelstein) 은사님께 저서 집필 결심을 알

려드리면서 한때 평화의 神으로 불렸고 오늘날 유엔 헌정 질서의 진정한 선구자였던 우드로 윌슨 대통령에 관한 특별히 중요한 고전적 문헌에 대해 문의를 드렸고 그 분은 기쁜 마음으로 필독서를 추천해 주셨다. 은사님의 지칠 줄 모르시는 태평양 횡단 지도에 언제나처럼 감사드린다. 정치철학 분야의 스승이신 모턴 프리쉬(Morton Frisch) 은사께서 보내 주신 카를 슈미트에 관한 서적들도 큰 도움이 되어 저자를 위한 태평양 횡단 교육을 계속해 주신 데 대해 깊이 감사드린다.

그러나 저술할 때는 무엇보다도 작업에 집중할 시간이 필요했다. 다행스럽게도 2005년 가을 학기부터 2006년 8월 말까지는 고려대학교에서 승인해 준 저자의 휴식년이었다. 이에 2005년 여름방학 때부터 집필 작업에 집중하기 위해 기회를 찾던 중 일본 유엔연구학회의 야스시 아카시(Yasushi Akashi) 회장님과 주오대학교의 타케오 유치다(Takeo Uchida) 교수님, 그리고 고려대학교의 옛 은사이신 김경원 대사님의 과분한 추천으로 일본 국제교류기금으로부터 국제교류 펠로우십을 받게 되었다. 그리하여 2005년 7월 1일 도일하여 와세다대학교에서 자리를 잡게 되었다. 세 분께 진심으로 감사 드린다. 와세다대학교에서는 오쿠마 공공경영대학원(The Okuma School of Public Management)의 카타오카 히로미즈(Kataoka Hiromitsu) 전 원장님의 각별한 배려와 이시다 미츠요시(Ishida Mitsuyoshi) 현 원장님의 친절하신 협조로 넓은 공간의 쾌적한 연구실과 안락한 숙소를 마련할 수 있었다. 이분들께도 깊이 감사드리고 싶다. 국제교류기금으로부터의 펠로우십 수혜기간이 끝난 후엔 고려대학교와 와세다대학교 간의 교환교수 프로그램의 대상자로 전환하여 집필에 전념할 수 있었다. 그런 기회의 혜택을 주신 나의 자랑스러운 고려대학교와 당시의 어윤대 총장님께 진심으로 감사드린다. 또한 자주 일시 귀국을 통해 소장으로서의 책임을 다하려고 노력은 했지만 소장인 본 저자의 장기 해외 체류 중 한결같은 마음으로 평화연구소의 운영과 살림살이에 정성을 다해 준 이웅현 연구교수에게 특히 감사하고 싶다. 또한 운명의 주사위가 참으로 묘하게 돌다가 맡게 된 한국 풀브라이트 동문회 회장직의 책임도 다하기가 여러 가지로 어려웠지만 넓은 아량과 깊은 배려의 미덕을 변함없이 보여주신 한국 풀브라이트 위원단의 심재옥 단장님과 풀브라이트 동문회의 최영 부회장님 그리고 임성호 총무님을 위시하여 회원님들께 죄송하고 고마운 마음을 이곳에 기록하고 싶다. 또한 일본 와세대대학교에 도착하는 날부터 떠날 때까지 그곳에서 정착하고 이사하고 귀국하는 여러 과정에서 몹시 바쁜 중에도 소중한 시간을 내어 저자의 편의를 위해 여러모로 애써 준 와세대대학교의 강사이며 현재 센다이의 도호쿠후쿠시대학교의 윤영수 교수에게도 감사하는 마음을 여기에 남기고 싶다. 그리고 어느 분보다도 아주 어려운 길이지만 그러나 때로는 "황홀한" 학문의 길로 저자를 안내하셨을 뿐만 아니라, 방대한 초고를 모두 다 읽으시고 본서의 추천사를 직접 써 주시느라 무척 애써 주신 김경원 은사님께 충심으로 감사드린다.

책을 쓴다는 것은, 일찍이 윈스턴 처칠이 갈파했던 것처럼, 하나의 힘들고 어려운 모험이다. 그것은 즐거움으로 시작해서 연인으로 변했다가 주인이 되고 종국에는 폭군이 되어버리기 때문이다. 약 40년간의 정치학 공부와 지난 26년간의 교수생활 중 본서의 내용과 관련된 외교사와 국제기구론을 20여 년간 가르치고 국제정치의 이론과 철학적 배경을 지금도 가르치고 있는 나에게 본서의 주제와 그 내용들은 비교적 아주 친숙한 것들이지만 단일 주제 하에 분량 있는 한 권의 책을 쓴다는 것은 언제나 새로운 도전이 아닐 수 없다.

여기서 본서의 제12, 14, 15, 16장들은 과거에 이미 학술지에 발표되었던 것들을 다소 보완한 것임을 밝혀 둔다. 어쨌든 이젠 나이도 먹을 만큼 먹고 보니 나홀로 이국 생활이란 굳은 결심과 단단한 각오만큼 체력이 받쳐 주지도 못하고 이따금씩 엄습해 오는 적막감은 나를 외롭고 처량하게 만들기도 했다. 그럴 때면 한평생을 이 아들 하나를 위해 희생하시고도 지금도 이 아들의 건강과 안전을 위해 밤낮으로 기도하시는 늙고 병약하신 어머님의 모습을 떠올리면서 애써 마음을 가다듬고 또 본서의 대표적 주인공 가운데 한 사람인 우드로 월슨이 교수 시절에 다음과 같이 했던 말을 순전히 위안 삼아서 되뇌곤 했었다.

"독특한 저술의 선행조건은 자립과 자아발전이다. 스스로 보는 능력은 함께 섞이지 않고 어떤 초연함과 자기봉쇄에 의해서 얻어질 수 있는 것이다. 건설적 상상력에는 오직 격리된 상황 속에서만 가능한 어떤 불멸의 묘기가 있다."

그렇다고 해도 본서가 월슨이 말하는 수준의 독특한 저

전쟁은 예측할 수 없는 것이다. 독일이 낳은 위대한 철학자 임마누엘 칸트(Immanuel Kant)도 "영구평화에로"의 서두에서 어느 여인숙 간판에 그려진 무덤을 영구평화의 상징처럼 내세웠다. 반면에 헤라클리투스(Heraclitus)는 전쟁을 "모든 것의 아버지"라고 불렀다. 그렇다. 전쟁은 파괴적인 반면에 그 어느 것보다도 생산력이 있다. 인간의 삶에서 전쟁에 의해 영향을 받지 않은 것은 거의 없다. 정치, 경제, 사회, 문화의 창조자, 파괴자 및 변경자로서 전쟁에 비교될 만한 것은 거의 없다고 해도 과언이 아닐 것이다.

전쟁의 연구는 풍성한 고전적 유산을 갖고 있다. 인류문명사에서 호메로스(Homeros), 헤로도투스(Herodotus), 투키디데스(Thucydides), 제노폰(Xenophon), 중국의 손자, 시저(Caesar), 조세푸스(Josephus), 폴리비우스(Polybius), 마키아벨리(Machiavelli), 에드워드 기본(Edward Gibbon) 그리고 그것은 전쟁 철학자 칼 폰 클라우제비츠(Carl von Clausewitz)에서 절정을 이루었다. 이런 유산의 이유는 분명하다. 그것은 바로 인간의 역사에서 전쟁이 만연했기 때문이다. 평화, 즉 전쟁이 폐지된 국제사회 질서의 아이디어는 최근의 발명이다. 그럼에도 불구하고 "평화"가 전쟁을 사회 및 정치적 사유에서 적지 않게 추방해 버렸다. 계몽주의 시대로부터 미래사회는 평화롭고 탈국가적일 것이라는 문제가 많은 믿음 속에서 전쟁은 중대한 지적 탐구의 대상에서 멀어졌다. 왜냐하면 많은 계몽주의 사상가들은 인류의 문명을 야만적 폭력이 제거되어 가고 있는 하나의 목적론적 과정으로 이해했기 때문이다.

그러나 근대의 역사도 역시 전쟁과 다음 전쟁의 준비과정이었다. 플라톤의 말처럼 전쟁의 종말은 죽은 자만이 볼 수 있는 것인가 보다. 그러나 전쟁은 한 사람의 일생을 통해 어쩌면 한 번 직접 체험할까 말까 할 정도로 드문 사건이기도 하다. 그럼에도 불구하고 전쟁의 신(神)은 마치 죽음처럼 늘 살아있는 우리와 함께 있다고 보아야 할 것이다. 따라서 우리 인간들이 할 수 있는 일이란 전쟁의 신(神)에 대처할 올바른 군사전략을 준비하는 것이 될 것이다. 그러나 기이하게도 학문적으로 군사전략은 매우 특수한 분야이다. 그렇기 때문에 교과서로 쓸 만한 서적을 국내에서 찾기가 쉽지 않다. 이 분야는 일반 대학에서 거의 진공상태라고 해도 과언이 아니다. 이런 생각은 고려대학교 대학원과 정책대학원에서 현대군사전략 과목을 수년 간격으로 강의를 개설했었던 저자가 갖게 된 것이다. 아무쪼록 본서가 군사전략 분야에서 다소나마 유용한 교과서나 참고서로 쓰이길 기대하는 마음에서 출간하기로 결심했다.

본서는 저자가 지난 30여 년간 교수생활을 하면서 이미 출판된 여러 저서에 흩어져 있고, 또 어떤 것은 오래전에 이미 절판된 과거 저서 속에 파묻혀 이제는 완전히 잊혀진 것들로 군사전략에 집중된 것들만을 한 곳에 모은 것이다. 이렇게 한 권으로 묶은 것은 고려대학교 대학원과 정책대학원에서 석·박사 학위 과정을 지도했던, 이제 모두 50여 명에 달하는 군 장교 제자들(군 위탁생과 일반 장교들 포함)의 빈번한 권유에 따른 것이다. 아래 출처에서 밝히겠지만 어떤 장들은 처음 발표된 후 제법 오래된 것들도 있다. 그러나 독자들로부터 오늘의 시점에서 평가를 받기 위해 어느 것도 전혀 수정 보완하지 않았다. 아니 어쩌면 지금도 수정이나 보완할 필요가 없다고 마음 속으로 생각하는 저자의 지적 오만이 숨겨 있는 지도 모르겠다. 혹 그렇게 생각하는 독자가 있다면 미리 사과드린다.

제 9 장

평화神과 유엔사무총장: 국제평화를 위한 리더십의 비극,
서울: 고려대출판부, 2013;

和平之神与联合国秘书长 : 为国际和平而奋斗之领,

北京: 光明日报出版社, 2015

> 우리 모두는 비서(secretary)가 뭔지 그리고 장군(general)이
> 뭔지를 알고 있다. 그런데 도대체 사무총장(secretary－general)
> 이란 뭔가?
>
> ─ 프란시스 플림톤(*Francis Plimton*)

　니체의 말처럼, 신이 인간을 창조한 것이 아니라 인간
들이 신을 창조했다. 서양문명에 기독교의 유일신이 등장
하기 전인 그리스와 로마의 시대엔 많은 신들이 있었다.
그들 속에 다른 신들에 비해 비교적 언급되지 않은 "평화

의 신"도 있었다. 국제정치의 역사에서 당시 가장 참혹했던 제1차 세계대전을 승리로 이끌고 파리평화회담을 주도하기 위해 우드로 윌슨(Woodrow Wilson) 미국 대통령이 유럽을 방문했을 때 그는 방문한 유럽의 수도 곳곳에서 수많은 환영군중들로부터 "평화의 신"으로 불리며 추앙받았다. 국제평화를 위해 인간들에 의해 창조된 보편적 국제기구가 20세기 초에 창설될 때 오직 국제평화만을 위한 유일무이한 국제공무직이 역사상 최초로 창조되었다. 그리고 그 직책은 인류의 평화의 신이 되길 기대했었다. 그 직책이 바로 유엔 사무총장의 기원인 국제연맹의 사무총장직이었다. 일종의 평화의 신이 창조되었던 것이다. 그러나 그 평화 신은 전쟁 신을 성공적으로 통제하지 못했다. 평화의 신은 결코 전지전능하지 못한 존재였다. 그는 끊임없이 전쟁 신에 의해 능멸당했다. 그럼에도 불구하고 그 평화의 신은 평화에 대한 인류 염원의 표현이었다.

국제평화와 안전을 위한 최초의 집단안전보장제도인 국제연맹이 1930년대에 독재국가들의 침략행위를 방지하는 데 실패하고 마침내 제2차 세계대전이 발발하자 많은 정치가들은 국가적 생존이란 결국 집단안전보장제도의 원칙들과 국제법이 아니라 자국의 자립과 군사력에 달려 있음을 새삼스럽게 확신하게 되었다. 그러나 국제기구를 통해 이 세계에 질서와 예의를 가져오려는 충동은 결코 완전히 사라지지 않았다. 그리하여 국제연맹에 부여된 희망의 마지막 불꽃이 꺼져 가는 바로 그때 미국의 불참이 국제연맹의 주요 취약점으로 널리 인식된 미국에서 신기구에 대한 계획이 제2차 세계대전의 와중에 진행되었다. 국제연맹의 이상은 이상주의자들과 실질적 비전가들 모두에게 그들이 목격하고 있는 재앙과 평화로운 세계 사이의 중대한 연결고리로 남았다. 따라서 제2차 세계대전의 잿더미에서 출현한 신국제기구가 이론과 구조 양면에서 불행했던 전임기구를 매우 닮았다는 것은 결코 놀라운 일이 아니라 하겠다.

평화 신의 역할을 자랑하는 유엔 사무총장 직도 국제연맹의 경험과 특히 국제연맹의 초대 사무총장이었던 에릭 드러먼드(Eric Drummond)의 개성과 리더십에 굳건한 뿌리를 두고 있다. 영국 외무부의 공무원 경력을 배경으로 갖고 있던 드러먼드는 자기 지위의 정치적 잠재력을 의도적으로 낮추고 "헌장의 침묵"을 강조했다. 그는 연맹 사무국의 이미지를 효율적이며 진실한 국제 공무직으로 고양시켰다. 그는 제네바에서 많은 압력집단들에게 양보하는 것을 기술적으로 피했다. 많은 외교관들이 그의 자문을 구했으나 그는 신중함과 익명으로 이 역할을 감춤으로써 그의 이런 스타일은 세계공동체의 존경과 신임을 그에게 가져다 주었다. 드러먼드 사무총장의 연례 보고서들은 명확성과 사실적 상세함의 모델들이었지만 그것들은 개인적인 정치적 판단을 결코 포함하지 않았다. 드러먼드의 발자취는 국제기구의 역사에 너무도 깊이 새겨져 사무총장직에 대한 모든 미래의 생각은 그가 전형적으로 보여준 스타일로부터 시작했다.

사무총장직에 대해 생각해야 할 이유가 있었던 사람들 가운데에는 프랭클린 루즈벨트 대통령이 있었다. 그는 정치경력 초기에 국제연맹을 전적으로 지지했었다. 그러나 그는 연맹의 결함을 이해하고 유엔을 위해서 새로운 유형의 사무총장을 상정했다. 그런 감정은 유엔 창설을 위해 샌프란시스코에 모인 각국 대표자들에 의해 공유되었다.

그리하여 각국 대표자들은 새 국제기구의 주요 목표들과 사무총장의 정치적 기능을 헌장 제99조에서 직접적으로 결합시켰다. 제99조 하에서 "사무총장은 자신의 생각에 국제평화와 안전의 유지를 위협할 수 있는 어떤 문제도 안전보장이사회에 상정할 수 있다." 이런 특별한 권한에 덧붙여서 제99조에 기인하는 하나의 독특한 상징적 반향이 있다. 1945년 준비위원회의 보고서를 인용하면, "사무총장은 그 누구보다도 더 유엔을 전체적으로 대변할 것이다. 세계의 눈앞에 그는 헌장의 원칙들과 이상들을 구현해야만 한다." 나아가서 사무총장은 국제적 소요의 원인들을 조사할 수가 있고 또 분쟁의 해결을 위해 회원국들에게 조치들을 실제로 제안할 수 있을 것이다. 그의 이렇게 새로운 시도뿐 아니라, 사무총장은 제98조에 의해서 기구의 일에 관해 총회의 연례보고서를 제출하도록 되어 있다. 비록 샌프란시스코에서 이 규정에 별다른 정치적 중요성이 부착되지는 않았음에도 불구하고 이 연례보고서는 신속하게 국제공동체의 주된 대변인으로서 사무총장의 이미지를 고양시키는 중대한 도구가 되었다.

2007년 1월 1일 대한민국의 아들 반기문(Ban Ki-moon)이 제8대 유엔 사무총장으로 취임하자 한국인들은 모두가 한결같이 축하하고 환호했다. 대한민국이 1991년 9월 유엔의 정식 회원국이 된 지 16년 만에 유엔 사무총장을 배출한 것은 실로 놀라운 사건이었다. 그리고 한국인들은 반기문이 마치 세계의 대통령이라도 된 듯이 생각하는 것처럼 보였다. 그만큼 그에 대한 기대도 큰 것 같았다. 오랫동안 유엔에 대해 강의하고 연구해 온 나에겐 그런 반기문에 대한 큰 기대와 열망이 갑자기 걱정스러웠다. 왜냐하면 유엔 사무총장은 제한된 권한과 기능만을 행사할 수 있기 때문에 결코 세계의 대통령이나 수상이 아니고 한 국가의 대통령이나 수상과 같은 리더십을 결코 발휘할 수 없기 때문이다. 그럼에도 불구하고 그에 대한 막연하고 환상적인 기대가 큰 만큼 실망도 클 것으로 예견되었다. 그래서 한국의 대학(원)생들은 물론 일반인들이 유엔과 국제정치의 관계사 및 유엔헌장이 규정한 사무총장직의 본질과 성격에 입각한 사무총장의 리더십에 관한 이해를 도울 수 있는 짧은 안내서라도 한 권 출판해야겠다는 생각을 하게 되었다.

그러나 그동안 유엔에 관한 적지 않은 수의 논문과 유엔을 심층적으로 함께 다룬 《인간神과 평화의 바벨탑》이라는 저서를 이미 냈음에도 불구하고, 유엔 사무총장의 리더십 그 자체에 대한 집중적 연구로 단행본의 저서를 집필하기엔 지식이 턱없이 부족했기에 곧바로 집필에 들어갈 수가 없었다. 그리하여 관련 서적과 논문들을 가능한 많이 집중적으로 찾아 수집하고 읽기 시작하면서 본격적 연구를 시작하였다. 그러나 이 주제의 연구에만 집중할 수 없는 이런저런 사정과 본인의 책 출판의 우선순위의 변경(그동안 논문을 모은 한 권의 영문 저서와 두 권의 논문 선집을 출간) 등으로 인해 원고작업이 자꾸만 지연되면서 몇 년이 쏜살같이 흘러가 버렸다. 정년퇴임이 코앞에 바짝 다가왔는데 이러다가는 재직 중에 출간을 하지 못할 지도 모른다는 불안감이 갑작스럽게 온몸을 엄습했다. 몹시 초조해졌다. 그래서 나 자신을 더욱 더 채찍질할 데드라인을 설정하기 위해 2012년 봄 학기 초 고려대학교 출판부와 저서 집필계약서에 덜컥 서명해 버렸다. 이제 주사위가 던져졌고 화살이 시위를 떠난 셈이었다. 본서는 이런 수년간의 산통을 통해 이제 세상에 나오게 된 것이다.

본서는 저자의 고려대학교 정치외교학과 교수로서 33년간의 학문생활을 마감하는 마지막 저작이다. 이 마지막 저작이 "빛나는 최후의" 작품이 아니라 "민망한 용두사미" 같은 저작이 되고 말 것 같아 몹시 두렵다. 그러나 체력의 한계로 완성도를 높이기 위해 무한정 붙들고 있을 수도 없고 또 원고마감 데드라인도 지켜야 하겠다는 구차한 변명이나마 부언하고 싶다. 그동안 본 연구의 과정 중에 일부가 별개의 논문으로 이미 출판되었다. 하나는 〈The UN Secretary – General's Power and His Leadership for World Peace〉(『평화연구』, 제16권 2호, 2008년 가을, pp. 160-214)라는 영어 논문이고, 또 하나는 〈국제평화 리더십: 다그 함마숄드 유엔 사무총장의 리더십과 국제 공무직에 대한 그의 정치철학〉(『평화연구』, 제20권 2호, 2012년 가을, pp. 5-50)이라는 논문이다. 따라서 이 두 개의 논문은 본 저서에 적절히 삽입되고 여기저기에 그대로 녹아 있음을 밝혀 둔다.

유엔과 국제기구는 1981년 제1학기부터 시작하여 20여 년을 가르치다가 신임 교수에게 넘겨 주었지만 관심과 연구는 지금까지 계속되어 왔다. 냉전 종식 후 특히 1995년 유엔창설 50주년을 기념하면서 유엔이 갑자기 중요한 연구 주제로 부상했다. 이 해에 미국에서 유엔체제학회(ACUNS)가 창립되고 새롭게 유엔연구를 주도하기 시작했다. 1945년 샌프란시스코 유엔 창설회의에 참가한 이래 영원한 "유엔 인"으로 자타가 인정하고 또 이 학회 창립의 가드파더들(God-fathers) 중 한 분인 로렌스 핑켈슈타인(Lawrence S. Finkelstein) 은사님의 권유로 창립 해에 유엔체제학회의 회원이 되었다. 그 후 1997년 한승주 교수님의 권유와 재정적 도움을 받아 한국에서 미국의 학회를 벤치마킹하여 한국유엔체제학회(KACUNS)를 창립했다.

그 후 일본의 유엔연구학회(JAUNS)와 한일공동세미나를 한국과 일본에서 한 해씩 번갈아 가며 개최하게 되었다. 처음엔 학회의 사무총장으로 그리고 후엔 회장도 한 차례 역임하면서 이 한일 공동 세미나에서 거의 매년 유엔 관련 논문을 발표했다. 일본측 학회의 추천으로 미국 학회의 이사도 한차례 역임했다. 한일 공동세미나가 매너리즘으로 활력을 잃어 가자 일본측 학회에 중국을 가입시켜 보자는 제안을 하기는 했지만 일본측 학회의 전적인 노력과 수고로 한중일 공동 세미나가 결성되었다. 그리하여 2011년 오사카에서 개최된 공동 회의부터 중국 연합국연구연석회의(CANUNS)가 참가하여 "동아시아 유엔연구 세미나"로 명칭이 변했고 삼국 공동세미나는 처음이었지만 한일공동세미나의 연장선상에 있기에 제11차 공동세미나가 되었다. 당시 오사카 회의와 2012년 12월 베이징에서 개최된 제12차 동아시아 유엔연구 세미나에서 각각 발표했던 두 개의 논문을 본서의 에필로그와 보론으로 번역하여 실었다. 이런 학술활동을 계속할 수 있었던 것은 학회 창립과 활동을 도와주신 한승주 고려대학교 명예교수님의 덕택이었다. 따라서 그 분에 대한 나의 깊은 감사의 마음을 기록해 두고 싶다.

대학은 조직의 성격이 유엔과 비슷하다. 정년보장을 받은 대학교수들은 마치 유엔을 구성하는 주권국가들처럼 독립적이고 자유롭다. 유엔의 사무총장이 회원국을 마음대로 응징할 수 없는 것처럼, 대학 총장도 교수를 마음대로 응징할 수 없다. 그들은 비슷하게 아주 제안된 구조적 틀 속에서 독자적으로 응징할 권한도 없이 조직의 발전을 위한 리더십을 발휘해야 한다. 이런 의미에서 한때 고려대학교 총장으로서 학교를 한 단계 도약시키는 탁월한 리더십을 발휘했던 고려대학교 전 총장 김정배 박사님께 본 서를 헌정하고자 한다. 당시 저자는 아주 짧은 기간 동안이나마 교무처장으로서 직접 그 리더십을 목격했었다. 특히 저자가 1984년부터 건의한 75분제 수업과 "일 교수 일 조교 제도"는 그 분이 총장이 되고 저자가 교무처장이 되어서야 14년 만인 1998년에야 다행히 실현될 수 있었다. 저자는 지금도 이 제도 개혁은 변화에 일단 부정적인 대학사회에서 고려대학교를 도약시킨 김정배 총장님의 진지하고도 결연한 리더십에 의해서만 가능했었다고 믿고 있다.

지난 33년 동안 고려대학교에 있는 나의 연구실은 작지만 일종의 "나만의 왕국"이었다. 그동안 나는 마치 셰익스피어의 드라마 〈템페스트(Tempest)〉 속의 프로스페로 (Prospero)의 고백처럼 "나의 작은 서재 하나가 한나라의 영토보다도 더 크다"고 생각하며 살아왔다. 프로스페로 처럼 나의 학문이 현실 세계에서 실용적 성과를 내는 "마법사"가 되지는 못했지만 이제 학문하는 일은 여기까지 이며 지금부터는 "삶의 완성"을 지향해야 할 때가 된 것 같다. 그러나 "셰익스피어 비극"의 주인공 중 또 다른 인물인 리어 왕(King Lear)처럼 퇴임 후에 모든 일손을 놓고 미쳐 버리고 싶지는 않다. 나는 최소한의 염원을 품어 본다. 명색이 대학교수였기에 그동안 "교학상장(教學相長)"을 좌우명으로 삼고 살아오면서 실로 가르치는 즐거움과 함께 언제나 스스로 많은 것을 깨우치는 기쁨도 있었다. 그래서 수많은 제자들에게 감사하고 싶다. 그들에겐 "학문연구에서 항상 즐거움을 느끼고 제자들을 가르치는 데 게으름을 피우지 않았던 스승"으로 기억되고 싶다면 염치없는 짓일까?

시지프스: 변천하는 국제질서와 한국의 안보』라는 저서의 저자 서문에서 다음과 같이 썼었다:

"국제관계학은 하나의 포괄적이고 일관성 있는 과학적 이론을 갖고 있지 못하다. 현 단계에서 국제정치이론이란 통계적 확률로도 표현되지 못하고 있으며 단지 가능성의 천명에 그치고 있다. 이론화 작업은 분열되어 있고 잘 발전되지 못했으며 국제정치학계는 종종 강렬한 논쟁을 경험해 오고 있다. 최근 국제관계이론가들 사이에 벌어지고 있는 이른바 '제3의 논쟁'의 대부분은 인식론적이고 규범적인 문제들에 집중되고 있다. 특히 냉전의 종식과 함께 국제정치학계는 근본적인 지성적 혼란 상태에 빠져 있는 느낌이다."

돌이켜 보면 저자는 지난 30여 년간 "국제정치의 이론"에 대한 이런 생각에 큰 변화가 없었으며 지금도 그런 생각, 아니 믿음을 바꿀 마음이 없다. 왜냐하면 그동안 국제정치학계에서 근본적으로 변한 것이 거의 없을 뿐만 아니라 여전히 현대의 국제정치적 문제들을 이해하려고 하지 않기 때문이다. 따라서 본서의 각 장들은 뒤 "출처"에서 밝힌 그대로이다. 오래전 쓴 것도 있지만 지금 평가받는 심정으로 수정이나 보완을 전혀 하지 않았다.

오늘날 국제정치학계에서는 스스로 "이론"임을 자처하는 소위 "가설들"은 수없이 많다. 그러나 故 앨런 블룸(Allen Bloom) 교수가 지적했듯이 "법은 남성의 젖꼭지가 여성의 그것과 평등하게 간주돼야 한다고 규정할지 모르지만 남성의 것은 젖을 줄 수 없다." 바꾸어 말하면 그 모든 자칭 이론들이 그 중요성과 유용성에서 결코 평등할수는 없는 것이다. 그런데도 현대 국제정치학은 인간 삶의 목적과 의미가 아니라 순전히 "사회과학" 그 자체를 위한 이론화 작업만을 모색하고 있다. 그리하여 잡히지 않는 아름다운 무지개를 좇는 것 같은 그런 이론화 작업들은 결국 심한 좌절과 견디기 힘든 절망을 경험하면서 아이러니하게도 모든 것을 다 "해체"해 버리고 동물적 본능만으로 살아가고 싶은 강렬한 충동에 사로잡히기까지한다. 그리하여 해방과 창조의 기치를 높이 든 포스트 모더니즘이 황홀하게 아니 필사적으로 우리들을 유혹하게 되었다. 그러나 반이성적, 반지성적, 그리고 반도덕적인 포스트 모더니즘은 인간 이성의 도살장과 다름 아니다. 따라서 우리는 이성을 결코 포기할 수 없다. 아무리 소크라테스의 외로운 철학적 삶이 비극적으로 끝났다고 해도 포기할 줄 모르는 시지프스 같은 그의 지혜의 추구와 지성적 삶이 여전히 인간적 삶의 참된 모습인 것만 같기 때문이다.

저자도 국제정치학자로서 국제정치에 대한 일종의 이론적 접근을 지난 30년 동안 강의실과 연구실에서 그리고 때로는 국내외 학술회의장에서 보낸 학문생활 속에서 끊임없이 줄곧 모색해 왔다. 본서의 각 장들의 내용과 저자의 다른 여러 기존의 저서들이 실제로 말해주듯 저자의 접근법은 국제정치현상의 연구를 우선 인류문명의 영원한 재산인 역사의 이해와 의미 파악에 근거한 정치적 통찰력에 그리고 정치철학자들의 보편적 가르침과 밀접하게 관련시키고 거기에 가능하면 향기로운 문학적 향수를 뿌리는 것이었다. 결코 어느 것 하나 크게 성공한 것 같지는 않지만, 적어도 그렇게 하려고 의식적으로 노력했다는 사실만은 이곳에서 솔직하게 고백하고 싶다. 비록 부족하기 한량없겠지만 본 논문 선집을 참을성 있게 읽는 대학(원)생들의 국제정치학에 대한 지성적 지평선을 넓혀 주고 또 복잡한 국제정치의 현상을 더 많이 그리고 더 잘 이해하는 데 적지 않게 도움이 되길 바라며, 다소 과도한 욕심을 부려 본다면 본서가 가능하다면 국제정치의 이론화 작업에 그들의 지적 흥미를 진작할 수 있기를 저자는 마음 속으로 기대하고 있다.

제11장

한국의 지정학과 링컨의 리더십: 동아시아의 지정학적 변화와 국가통일의 리더십,

서울: 고려대 출판문화원, 2017

지정학(Geopolitics)이 돌아왔다. 지정학은 19세기 말과 20세기 전반기에 국제정치의 지배적인 일종의 패러다임 이었다. 동서 간 이념적 투쟁의 시대가 냉전체제의 종언과 함께 사라지자 문명의 충돌이 부활할 것이라는 예상이 풍미하더니 인종과 종교를 빙자한 비국가적 집단들에 의한 학살과 테러의 공포 그리고 뒤이은 테러와의 전쟁이 포스트냉전 시대에 한동안 국제정치의 주된 관심사로 세상의 눈과 귀를 사로잡았다. 그 후 또 한동안 대량살상

무기인 핵무기의 확산이 북한과 이란에 의해 제기되어 국제적 의제를 장악하더니 남중국해에서 해묵은 영토적 분쟁으로 확대되면서 이것이 곧 동아시아 대륙의 강대국 중국과 그동안 바다의 여왕으로 군림했던 미국 간 지정학적 대결로 전환하기에 이르렀다. 그리하여 아시아─태평양 지역은 중국과 미국 간 지정학적 대결의 무대로 인식되기 시작했다.

그러나 유라시아 대륙의 변방에 위치한 한반도는 대륙의 강대국을 위한 완충지대로, 해양 강대국의 교두보(bridgehead)로서, 그 결과 양 세력의 충돌지대(shatter─belt)로서 한반도의 지정학적 위상은 16세기 말 일본의 도요토미 히데요시(豊臣秀吉)가 중국(明)을 정벌한다면서 한반도를 교두보로 삼아 침략함으로써 동아시아의 전통적 국제질서의 변화를 도모한 이후 근본적으로 변한 적이 없다. 다시 말해 지정학은 한국인들을 떠난 적이 없었다. 다만 한국인들이 지정학을 모르거나, 알았지만 잊었거나 소홀히 했을 뿐이다. 뿐만 아니라 미래에도 한국인들이 우주나 다른 행성으로 집단적 이주를 하지 않는 한 지정학은 한국인들과 늘 함께 있을 것이다. 다시 말해 한반도의 지정학적 조건은 한국인들 삶의 변함없는 조건이고 국제정치의 구조적 제약으로 오랫동안 남을 것이라는 말이다.

최근 동아시아의 지정학적 지형이 다시 대지각변동이라도 가져올 것처럼 꿈틀거리기 시작했다. 따라서 한국인들에게 지정학적 지형의 변화추세에 대한 정확한 이해와 올바른 대처가 새삼스럽게 요구되고 있다. 왜냐하면 그 변화의 원인과 지정학적 당사자들의 행동과 한국의 대처에 한반도의 미래 한국인들의 생존이 달려있기 때문이다. 한반도가 속해 있는 동아시아의 지정학적 대결은 한반도의 변화를 예고하는 것이다. 따라서 그것은 한국인들의 생존에 대한 무서운 위험을 품고 있지만 동시에 어쩌면 한국 민족의 통일을 위한 절호의 기회를 제공해 줄지도 모를 일이다. 바로 그러한 변화에 대한 두려움과 동시에 이런 변화가 가져올지도 모르는 기대감에서 본서는 동아시아의 지정학적 변화의 추세를 분석해본 것이다.

돌이켜 보면 저자가 지정학에 대한 관심을 갖게 된 것은 아주 오래되었다. 대학원 입학 후 당시 지도교수님에게 처음으로 학술적 질문으로 한 것이 "지정학이 무엇입니까?"였다. 그때 지금은 고인이 되신 김경원(金瓊元) 지도교수님께선 공부를 쉽게 하려고 하지 말고 스스로 찾아보라고 말씀하셨다. 처음엔 섭섭했지만 대학원 공부는 그렇게 하는 것이라고 가르쳐주신 것이다. 그래서 *International Encyclopedia of Social Sciences*(국제 사회과학 백과사전)를 뒤져 지정학에 관해 조사했었다. 그 후 나는 누구에게 묻기보다 스스로 답을 찾는 습관을 길렀다. 김경원 지도교수님께선 나에게 국제정치학이라는 학문에 처음으로 개명(開明)을 시켜주셨을 뿐만 아니라 스스로 공부하는 방법을 가르쳐주심으로써 나의 일생의 직업을 열어주시는 은혜를 베풀어 주셨다.

그러나 그 후 국제정치학을 공부하는 과정에서 지정학은 냉전시대의 이념적 대결과 전지구적 미소 간 전략무기의 대결 그리고 정치적 현실주의 패러다임에 묻혀서 본격적인 학문적 관심의 주요 대상의 밖에 있었다. 고려대 교수가 되어서도 국제정치의 이론과 전쟁이론, 외교사와 국제기구 그리고 한국외교정책 등을 30여 년간 가르치면서도 지정학을 독립적 주제로 다루지 않았다. 당장의 관심 주제에 집중하다 보니 그럴 여유나 필요성이 없었다고 변명하고 싶다. 그러다가 퇴임을 앞둔 2013년 가을 마지막 학기에 대학원의 "국제관계 특수과제연구" 과목에서 지정학 이론을 가르쳤다. 그러면서 퇴임 후 한국지정학연구소를 설립하여 지정학에 관한 연구를 계속하고 싶다는 속

마음을 이러 저런 기회에 내비쳤다. 퇴임 후 일종의 퇴임 기념강연을 비롯하여 몇 차례의 초청강의에서도 주로 지정학과 관련된 강의를 계속하면서 언젠가 지정학 관련 저서를 내야겠다고 마음 먹고 있었다. 그런 동안 저자가 박사학위과정과 논문을 지도했던 이영석 박사가 그동안 저자를 이사장으로 추대하는 한국지정학연구원의 설립을 조용히 그러면서도 끈질기게 추진하여 마침내 2016년 8월 12일자로 통일부 허가를 받아 공식 출범하게 되었다. 상당 기간 동안 연구원 설립을 위해 시간과 금전과 정열을 아끼지 않은 연구원 설립자 이영석 박사와 설립요건을 구비하는 과정에서 여러 가지로 수고해준 신희섭 박사에게 깊은 고마움을 표하고자 한다. 그리고 퇴임 후 나의 첫 저서인 본서를 "한국지정학연구원"의 첫 연구결과로 출간하기로 하였다. 한국지정학연구원은 앞으로 본서의 제목이 암시하듯 지정학과 정치 리더십에 관한 연구를 계속해 나갈 것이다.

한국인들은 모두가 하나같이 민족통일을 염원한다. 그러나 그것이 언젠가는 반드시 이루어지고 말 것이라는 한국인들의 한결같은 소망과 막연한 기다림의 결과일 수는 없을 것이다. 그것은 객관적 조건과 주관적 염원 그리고 주어진 기회를 정확히 포착하고 값비싼 희생을 각오하면서 용기 있게 투쟁해 나갈 때에만 얻어질 수 있는 것이다. 하늘도 스스로 돕는 자만을 도울 것이기 때문이다. 그런 민족사적 대 과업을 이루기 위해서는, 다시 말해 그런 위대한 성취를 위해서는 거기에 걸맞는 위대한 리더십이 요구될 것이다. 그런데 그런 위대한 리더십을 어디서 구한다는 말인가? 일찍이 마키아벨리가 가르쳤듯이 위대한 리더십은 과거 역사 속에서 발견되는 위대한 지도자들의 위대한 행동을 본받는 데서 시작될 수 있을 것이다. 역사 속에서 한국민족의 통일을 위해 본받을 만한 지도자는 과연 누구일까? 저자는 미국의 제16대 대통령 에이브러햄 링컨이 그런 지도자들 중 한 사람이라고 생각한다.

저자가 링컨 대통령의 리더십에 관해 완전히 새로운 집중적 관심을 갖게 된 데에는 아주 특별하고도 구체적인 계기가 있었다. 2014년 2월 28일자로 고려대학교의 정치외교학과에서 만 33년간 국제정치 분야를 가르친 후 정년퇴임을 한 뒤 저자는 참으로 적막한 시간을 보내고 있었다. 마음을 달래고 미치지 않기 위해 삶과 죽음을 다루는 이런 저런 철학서적들과 제1차 세계대전의 백 주년을 맞아 쏟아져 나온 전쟁사의 책들을 집중적으로 읽으면서 한

학기에 겨우 한두 차례씩 고려대 야간대학원과 국방대학원에서 강의하고 아직도 진행 중인 박사과정 제자들의 학위논문 지도를 계속했지만 퇴임과 함께 찾아온 "세상으로부터의 단절"이라는 일종의 금단현상으로 심각한 자기연민에 빠져들고 있었다.

그런데 연말쯤 뜻밖에도 김동길 연세대 명예교수님으로부터 한 모임에 참석해 달라는 초청을 받았다. 우선 잊지 않으시고 찾아 주신데 고마운 마음으로 참석한 그 모임은 알고 보니 "링컨 사상 연구소"의 창립 모임이었다. 그 후 한 달에 한 번씩 링컨에 관해 발표회를 열기로 한 이 첫 모임에서 김동길 교수님은 저자에게 1975년에 출간하신 『링컨의 일생』이라는 저서 한 권과 함께 주신 과제는 "승전의 문턱에서 암살된 링컨"에 관해 발표하는 것이었다. 그리하여 본 저자의 링컨 연구는 김동길 교수님의 저서를 읽기 시작하면서 그리고 바로 그날부터 아마존 서점에 링컨 관련 서적들을 주문하기 시작하면서 본격적으로 출발했던 것이다.

얼마 후 김동길 교수님의 1971년 박사학위 논문이 1983년 그대로 출판된 사실을 알게 되어 〈*Abraham Lincoln: An Oriental Interpretation*〉을 구해 읽었다. 김동길 교수님이 미국의 에이브러햄 링컨 대통령이야말로 지구의 정반대편인 동아시아의 유교적 세계에서 지난 2천년 이상 모색해온 군자(君子) 같은 지도자, 즉 인(仁)이라는 유교의 최고 덕목을 가장 잘 실천한 진정하고 유일한 "윤리적 대통령"이었다고 주장하는 그 저서에서 깊은 감동을 받았다. 그리하여 링컨의 정치적 리더십에 대한 저자의 관심이 한층 더 증대되었다.

저자에게 에이브러햄 링컨의 삶과 죽음은 참으로 감동과 탄식, 기쁨과 조용히 흐르는 눈물의 세계였다. 저자는 지금까지 국제정치 분야를 전공하면서 19세기 독일의 오토 폰 비스마르크(Otto von Bismarck), 그리고 20세기 영국의 윈스턴 처칠(Winston Churchill)을 늘 높게 평가해 왔다. 미국의 지도자들 중에선 러일전쟁 시 시어도어 루즈벨트(Theodore Roosevelt), 제1차 세계대전을 치른 우드로우 윌슨(Woodrow Wilson), 그리고 제2차 세계대전을 치른 프랭클린 루즈벨트(Franklin D. Roosevelt) 대통령들이 나의 오랜 학문적 관심의 대상이었다.

미국의 남북 간 내전이 19세기 외교사의 주제가 아니다 보니 자연히 링컨에 대한 깊은 관심을 갖지 못했다. 그래서 왜 진즉 링컨을 공부하지 않았던가 하는 회한과 이제라도 위대한 링컨을 발견한 것은 저자의 학문적 삶에 커다란 행운이라는 위안이 함께 찾아 들었다. 참으로 군자(君子)같은 고결한 인품의 소유자로서는 물론이고 위대한 정치가로서 인류의 위대한 스승으로 손색이 없는 링컨의 황홀한 지적 감동의 세계로 이끌어 주신 김동길 교수님께 충심으로 감사를 드린다.

제12장

김동길·강성학(공저), 죽어도 사는 사람: 불멸의 링컨 유산, 충북 음성: 극동대학교출판센터, 2018

링컨과 한국인

> "분열된 집은 스스로 설 수 없다."
> — 에이브러햄 링컨(*Abraham Lincoln*)

2006년 10월 핵실험 성공 이후 북한은 넓게는 국제평화와 안전을 위협하고 있지만, 더욱 직접적으로는 대한민국의 생존을 위협하고 있다. 하지만 유엔을 비롯한 국제사회와 한국은 지난 20년 동안 모든 것이 잘될 것이라는 막연한 낙관론에 취한 채 잠자고 있었다. 아니 더 나아가

대한민국의 경우 과거 두 명의 대통령이 추진한 대북 평화와 유화정책은 부분적이나마 북한의 핵개발을 앞당기는데 실질적인 도움을 주었을 수도 있다. 긴 잠에서 깨어났을 때 한국은 절체절명의 위기를 마주하고 말았다. 만일 남한만의 비핵화 상태가 지속되고, 더구나 탈원전으로 핵무장의 가능성마저 완전히 배제하는 가운데, 북한의 핵무장이 어떤 형태로든 국제적으로 용인 혹은 묵인되고, 더 나아가 남한이 경제협력이라는 이름으로 북한의 경제발전을 돕는 정책을 추진한다면, 그것은 결국 북한으로 하여금 머지않아 남한을 흡수 통일하게 하려는 불순한 목적을 위한 기만적 전략으로 이어지게 될 것이다.

과거 한국전쟁의 최초 여성 종군기자였던 마거리트 히긴스(Marguerite Higgins)는 한국에 묻힌 유엔 참전용사들에게 헌정한 〈한국전쟁〉(War in Korea, 1951)에서, 민주주의 시민들에게 다음과 같은 경고를 한 바 있다.

"불행하게도 자유국가들은 독재국가로부터의 위험을 무시하는 만성적인 기질이 있다. 히틀러는 그가 무엇을 할 것인지를 말했었다. 북한은 그들이 무엇을 할 것인지를 말했고, 중국 또한 그랬다. 그러나 우리는 그들이 말하는 것을 좋아하지 않았기 때문에 그들이 하는 말을 믿지 않았었다."[1]

이것은 바로 지금을 살아가는 한국인들에게도 여전히 적절한, 아니 어쩌면 너무도 늦어버린 경고라고 할 수 있다. 그러나 민주주의의 속성을 고려할 때, 지금이라도 모든 한국인들이 대오각성하고 일치단결하여 각자가 자기희생을 각오하고, 모두가 함께 최후의 총력전을 준비해 나간다면 희망이 없지는 않을 것이다. 깜빡이는 희망을 빛나는 승리로 전환시키기 위해서는 지혜로운 예언자적 비전과 함께 최후의 승리를 가져다 줄 영웅적 지도자가 출현해야 한다. 본서가 역사상 가장 위대한 민주주의의 지도자였던 에이브러햄 링컨을 다룬 이유도 여기에 있으며, 오늘날 이 땅이 절박하게 필요로 하는 것이 바로 그가 남긴 불멸의 유산이다.

한국인들 가운데 링컨의 민주주의에 대한 정의, 즉 "인민의, 인민에 의한, 인민을 위한 정부"라는 구절을 모르는 사람은 아마도 거의 없을 것이다. 그러나 동시에 대부분

---

1 강성학, 『한국의 지정학과 링컨의 리더십』(서울: 고려대학교 출판문화원, 2017), pp. 144-145에서 재인용.

한국인들의 링컨 대통령에 대한 지식은 그가 19세기 미국 남북전쟁에서 승리하여 노예를 해방시킨 후 불행히도 암살당한 비운의 대통령이었다는 정도에 그치지 않나 생각된다. 왜냐하면 한국인들은 학창시절 교과서에 실리지 않은 링컨에 관해 구체적으로 배운 적이 없기 때문이다. 어쩌면 어린 시절 위인전을 통해 링컨을 알게 된 사람도 링컨에 대한 지식은 매우 피상적인 수준에 머물러 있을 것으로 생각된다. 그만큼 에이브러햄 링컨은 한국인들에게 낯선 역사적 인물이다.

20세기 초반이 되어서야 한국에 근대 교육이 본격 도입되었고, 또 일제강점하 민족주의의 성장기에 한국의 독립운동가들이나 지식인들에겐 링컨보다는 "민족자결의 원칙"을 선언한 미국의 우드로 윌슨 대통령이나, "반제국주의 투쟁"을 선전한 러시아 혁명가 레닌의 이름이 더 빈번하고 매력적으로 다가왔다는 점 등을 고려하면 더욱 그렇다.

제1차 세계대전 당시 한국인들을 포함하여 식민지 처지의 민족들에겐 윌슨의 민족자결의 원칙이 희망의 빛으로 다가왔지만,[2] 제1차 세계대전에 참전한 미국의 윌슨

....

[2] Erez Manela, *The Wilsonian Moment: Self−Determination and the International Origins of Anticolonial Nationalism,*

대통령이 내건 전쟁의 목적은 "민주주의가 안전한 세계"를 수립하는 것(to make the world safe for democracy)이었다. 링컨은 남북 간 내전을 "지구상에서 인민의, 인민에 의한, 인민을 위한 정부가 사라지는 것"을 막기 위한 투쟁으로 보았다. 이러한 링컨의 궁극적인 비전은 자신의 정당이 아니라, 20세기 최초의 민주당 대통령인 우드로 윌슨 대통령의 "세계로 나가는 교량"(a bridge to the world)에서 발견된다.[3] 윌슨은 링컨을 가장 위대한 본보기로 간주했다. 윌슨은 특히 제1차 세계대전에서 민주주의가 안전한 세계를 만들기 위해 투쟁하는 과정에서 링컨의 사상과 경험을 보다 깊이 이해하려고 모색했다.[4]

그러나 전후 민주주의는 안전하지 못했다. 마르크스-레닌주의에서 비롯된 계급투쟁의 위협에 처한 이탈리아

Oxford: Oxford University Press, 2007.

[3] Mary Elizabeth Stockwell, "Woodrow Wilson and Lincoln's Bridge to the World," in Robert P. Watson, William D. Pederson, and Frank J. Williams, eds., *Lincoln's Enduring Legacy: Perspectives from Great Thinkers, Great Leaders, and the American Experiment*, Lanham, Maryland: Lexington Books, 2011, p. 63.

[4] Mary Stockwell, *Woodrow Wilson: The Last Romantic*, New York: Nova Science Publishers, 2008.

와 독일에서 각각 무솔리니(Mussolini)의 파시즘과 히틀러 (Hitler)의 나치즘이 "야만적 볼셰비즘"(barbaric Bolshevism) 과 "타락한 민주주의"(decadent Democracy)의 유일한 대안 이라고 호소하더니, 정권을 잡자마자 전체주의적 독재체 제로 전락해 버렸다. 반면 반제국주의의 깃발을 앞세운 수많은 민족주의 세력들은 제2차 세계대전에서 연합국이 승리하자 바로 그 연합국이 창설한 유엔의 탈식민화 (de-colonialism) 운동에 힘입어 신생 국가들을 수립했다. 그 과정에서 미국과 소련의 영향 하에 들어간 민주주의 세력은 미국식 자유민주주의를 받아들이거나, 혹은 소련 식 공산당의 일당지배 하에 "인민민주주의"라는 간판을 걸고 실제로는 좌익 전체주의 체제의 길을 택했다. 한 민 족이 남과 북으로 분단되어 미국과 소련이라는 두 초강대 국의 후원 하에 두 개의 판이하게 다른 이념적 정치체제 가 각각 수립된 한반도의 경우가 전형적인 역사적 실례라 고 하겠다.

소위 인민민주주의를 내세운 소련식 전체주의 체제의 북한에서 자유민주주의의 상징적 인물 가운데 하나인 에 이브러햄 링컨의 이름이 전혀 등장하지 않는 것은 조금도 이상할 것이 없다. 한편 미국식 자유민주주의를 택한 대한민국의 창설자들은 미국의 윌슨 대통령을 칭송했었다. 그러나 남한 내 "민주주의" 담론의 과잉 현상에도 불구하고, 거의 모든 한국 정치지도자들의 입에서조차 링컨의 이름이 제대로 등장하지 않은 것은 참으로 이상한 일이다. 그것은 한국인들이 교육을 통해 링컨에 대해 다소라도 배운 적이 없다는 사실과 함께, 어쩌면 수많은 정치인들이 주장하는 민주주의가 미국식 자유민주주의와는 동떨어진 "다른 형태의 민주주의"를 마음에 두고 있는 것으로부터 비롯된 것은 아닐까 하는 추측을 가능하게 한다. 물론 여기서 그것들이 어떤 민주주의였는가를 가리려는 것은 아니다. 여기서 지적하려는 것은 한국인들이 진정으로 자유민주주의를 원한다면, 또 자유민주주의에 입각한 한반도의 통일된 조국을 원한다면, 지금부터라도 윌슨 대통령이 자신의 가장 위대한 정치적 스승이라고 인정했던 에이브러햄 링컨으로 돌아가야 한다는 점을 강조하려는 것이다. 왜냐하면 링컨이야말로 진정한 자유민주주의와 그에 입각한 통일국가 수립의 대표적 상징이라고 해도 결코 과언이 아니기 때문이다.

보다 구체적으로 말해서, 오늘의 시점에서 대한민국은 밖으로는 가공할 핵무기를 손에 쥔 북한 김정은 독재정권의 위협에 국가적 생존이 백척간두에 선 것처럼, 풍전등화의 위태로운 처지에 놓여 있고, 안으로는 국민들에게 온갖 복지정책으로 고통 없는 삶을 약속하며 무조건적 지지를 요구하는 정치인들로 인해 혼란스러운 상황 가운데 놓여 있다.

한국인들은 억압 때문이 아니라 몽테스키외(Montesquieu)가 일찍이 경고했듯이 스스로 진정한 자유인의 독립적 자유의지를 포기하고 국가에 의해 자신의 삶 전체가 관리당하는 "부드러운 전제정치"(Soft Despotism)[5]에 빠져들고 있는 안타까운 처지에 있다. 그것이 아무리 부드럽다 해도 국가에 의해 관리되는 세계는 곧 전체주의의 세계이다. 한국인들이 정말 애완동물이나 동물원 속의 동물 같은 삶을 알면서도 원하는 것일까? 국가통치관료들에 의해 조정되는 안락한 삶이 진실로 지속적으로 가능하긴 한 것일까? 과거 소련과 동유럽 국가의 인민들은 그런 삶의 경험을 통해 그것이 얼마나 거짓된 것인지를 깨달았다. 지난 20세기 말 동유럽의 민주화 혁명과 소련 공산주의 체제의 붕괴가 시작된 것도 바로 이 때문이었다.

....

[5] Paul A. Rahe, *Soft Despotism, Democracy's Drift* (New Haven: Yale University Press, 2009).

과연 한국인들에게 이런 내우외환의 진퇴유곡에서 벗어날 수 있는 비전과 그것을 실현해줄 지도자는 없는 것인가? 바보는 직접 경험으로만 배우는 법이다. 보다 현명해지기 위해서, 바보처럼 구태여 과거 동유럽인들과 러시아인들이 고통 속에 경험했던 그 기나긴 길을 한국인들역시 꼭 거쳐야만 하는 것일까? 히틀러에 직면하여 1930년대의 프랑스인들과 영국인들이 범했던 실수를 꼭 직접실천해 보아야만 하는 것일까? 그것들은 참으로 어리석은선택이 될 것이다. 저자는, 적어도 이론적으로 말한다면, 현재 한국인들이 직면하고 있는 진퇴유곡의 질곡에서 벗어날 수 있는 그런 비전을 링컨의 정치철학적 사상에서, 그리고 그런 지도자의 모델을 링컨의 역사적 리더십에서찾을 수 있다고 생각했다. 이와 관련, 저자는 『한국의 지정학과 링컨의 리더십』을 2007년 1월에 이미 출간한 바있다.

그 이후 저자는 링컨사상연구소에서 김동길 박사님의요청으로 계속해서 "미국 남북전쟁의 역사적 의미"와 "죽어도 사는 사람: 링컨"이라는 주제로 거듭된 강의를 하게되었다. 여기서는 미국의 남북전쟁이 미친 범세계적 영향을 분석하고, 링컨 사후 그의 비전이 미국의 수많은 후임 대통령들에게는 물론이고 미국 땅을 넘어 전 세계적으로 어떤 영향을 미쳤는지를 다루었다. 즉 링컨의 위대한 유산을 관련 문헌을 통해 구체적으로 조사해 본 것이다. 그러면서 저자는 본 연구가 출판될 수 있다면 링컨의 위대성이 범세계적으로 어느 정도인지를 한국인들도 알게 될 것이며, 그에 따라 한국인들도 링컨을 새롭게 재인식할지 모른다는 일종의 기대심리를 갖게 되었다.

제13장

피터 딕슨, 강성학 역, 키신저 박사와 역사의 의미, 서울: 박영사, 1985

Peter Dickson, *Kissinger and the Meaning of History*,
New York: Cambridge University Press, 1978

"인간은 원래 시기한다. 따라서 어느 분야에서건 자신을 탁월한 존재로 만든 사람은 생존 시에 다른 사람들에게, 특히 그보다 못할 것이 없다고 자부하는 사람들에게 고통을 자아낸다. 이 고통은 탁월한 사람들, 그리하여 인간적 탁월성 그 자체에 대한 우리의 시야를 방해하지 않는가?"

— 투키디데스의 『펠로폰네소스戰爭史』中에서

본서는 피터 딕슨(Peter Dickson) 박사의〈*Kissinger and the Meaning of History*〉를 번역한 것이다. 그동안 키신

저 박사에 관한 연구로서 지금까지 약 20여 권의 단행본과 40여 편의 주요 학술 논문이 출판되었다. 또한 1970년대의 국제 관계의 논의를 포함하는 모든 서적과 논문에서 그의 이름은 빠질 수 없고 빠지는 일도 없었다. 이러한 키신저 박사에 대한 관심과 연구는 그의 역사적 중요성을 고려할 때 앞으로도 계속될 것이다.

역자가 그렇게 많은 연구서들 중에서 특히 본서 〈키신저 박사와 역사의 의미〉를 번역하기로 결정한 것은 본서가 국제정치학을 전공하는 정치학도들은 물론이고 일반 대중들에게도 훌륭한 교양서가 될 수 있을 것이라는 역자의 주관적 판단에 따른 것이다. 본서는 키신저 박사의 역사와 삶의 의미에 대한 지성적 발전 과정을 예리하게 분석하고, 그의 역사관 및 인생관, 즉 세계관이 그의 외교 정책에 어떠한 영향을 끼쳤는가를 규명하려는 매우 진지한 연구서이다. 그러므로 우리가 우리 자신들의 삶의 의미와 역사의 뜻을 음미하고 자신의 세계관을 발전시키는 데 본서는 훌륭한 명상의 자료가 될 수 있을 것으로 믿는다.

그러나 본서가 키신저 박사의 지성적 세계와 그의 정책에 대한 최종적 평가서가 될 수 있을 것이라고 자부하지는 않는다. 그에 대한 평가는 앞으로도 계속될 것이고, 그가 국제 정치적 삶과 미래 세대의 운명에 끼친 영향은 지대하고 또 다양할 것이기 때문에 그에 대한 최종적 평가는 어쩌면 영원히 불가능할지도 모른다. 그러나 그런 궁극적 불가능성이 결코 침묵이나 지적 게으름의 변명이 될 수는 없을 것이다. 우리는 그가 무엇을, 왜, 어떻게 하려고 했었는가에 대해 보다 잘 알 수만 있다면 우리는 적어도 그의 실수를 되풀이하지 않고 그의 성공을 본받음으로써 우리의 국제 정치적 삶을 개선하는 데 그런 지식과 교훈을 유익하게 활용할 수 있을 것이다.

오늘날 우리는 일종의 지성적 분자화 시대에 살고 있다. 한 사람의 위대한 철학자나 정치가에게로 끊임없이 복귀하거나 의존함으로써 각자의 지식을 넓히던 시대는 사라져 버렸다. 우리는 마치 지식의 백화점에 들어와 있는 것과 같이 지적으로 불안정하고 이것저것 눈요기만으로도 벅찬 피상적 지식 상품의 과잉 공급 속에 살고 있다. 그러나 모든 지식이나 정보가 곧 삶이나 정치의 지혜가 될 수는 없다. 우리는 한 사람의 위대한 철학자나 정치인과 끊임없이 대화함으로써 보다 믿을 수 있는 지혜를 얻을 수 있을 것이며, 키신저 박사가 적어도 그런 인물들 중의 한 사람이라고 생각된다. 키신저의 현상은 곧 우리 시대, 우리 세대의 현상이고 그는 전 지구가 국제 정치의 무대가 된 인류 역사상 최초의 특이한 한 시대의 증인이다.

키신저 박사는 그의 소위 긴장 완화 정책을 통해 우리 시대의 평화 구조 건설을 추구했다. 그러나 그의 성공이 비록 제한적이었다고 해도 그의 정치가적 위치는 추락하기는커녕 오히려 시간이 감에 따라서 상승할 것으로 보인다. 왜냐하면, 그의 정책 노선은 그 이후 미국 행정부들에 의해서 비록 수사학과 강조는 달라도 미국 외교 정책의 기본적 방향에 대해 명확한 철학적 조망을 제시함으로써 하나의 정치적 표준이 되었기 때문이다. 그의 평화 구조의 제도적 건설은 풍부한 정치 외교적 상상력과 동시에 끈질긴 외교 기술을 필요로 했으며 바로 이것이 미국 국민들의 취향에 잘 맞지 않았던 것도 사실이다. 따라서 키신저 박사는 평화의 전략가는 될 수 있었지만 미국 국민의 교육자가 되지는 못했던 것이다. 이것은 그의 영웅 중의 하나인 캐슬레이의 운명을 상기시키는 키신저의 한계였다. 키신저의 정책과 행동은 모든 것이 이분법적으로 단순하고 확실했던 양극적 냉전의 시대를 살아 온 사람들에겐 '기이한 곡예사'처럼 보일 수도 있었을 것이다.

뿐만 아니라, 현대는 영웅이 없는 시대라고 한다. 그러나 현대인들은 쉽사리 영웅을 인정하려 들지 않는 속성을 가진 사람들이라고 말하는 것이 보다 정확할 것이다. 이러한 현대에 살면서 키신저는 자신의 운명을 예견이라도 하듯 위대한 정치가들의 운명에 대해 이렇게 말했다: "위대한 정치가는 종종 예언자들의 운명을 공유한다. 즉 그는 자기 조국에서 명예를 얻지 못하고 또 자신의 계획들을 국내에서 정당화해야 하는 어려운 과제를 항상 안고 있다. 그들의 위대성은 그들의 직감이 곧 경험이 되어 버린 후에야 회고적으로만 분명해진다. 정치가는 미래에 대해 비전을 가지고 있지만 자신은 동포들에게 그것을 직접 전달하지 못하고 자기 비전의 진실성을 입증할 수 없는 고전 드라마의 주인공과 같다."

제14장

앨런 블룸, 해리 자파, 강성학 역, 셰익스피어의 정치철학,
서울: 집문당, 1982

Allen Bloom & Harry V. Jaffa, *Shakespear's Politics*,
Chicago: University of Chicago Press, 1964

본서는 앨런 블룸(Allen Bloom) 교수가 제1장에서 4장
까지 쓰고 해리 자파(Harry V. Jaffa) 교수가 제5장을 첨가
하여 1964년에 출판된 〈*Shakespear's Politics*〉를 번역
한 것이다. 그런데 이 저명을 〈셰익스피어의 정치학〉이
라고 하지 않고 〈셰익스피어의 정치철학〉이라고 한 것은
셰익스피어가 〈정치학(Political Science)과 정치철학(Political
Philosophy)〉이 오늘날처럼 서로 구별되어 취급되기 이전

의 인물일 뿐만 아니라, 그의 탐구 방법이 과학적이라기보다도 철학적이라고 판단되기 때문이다. 역자는 〈과학〉과 〈철학〉이 다같이 진리의 탐구를 모색한다는 점에서 서로 근본적으로 다른 것이라고 생각하지는 않지만, 보편적으로 그것들을 구별하는 추세를 감안하여 〈세익스피어의 정치철학〉이라고 의역(意譯)했다.

오늘날 대학교육은 전인적인 교육이 되지 못하며, 기술교육의 한계를 벗어나지 못하고 있다고 자주 비판되어 왔음은 주지의 사실이다. 이러한 현상은 단순히 우리 나라에서 뿐만 아니라 전 세계적 현상으로서 가히 〈현대교육의 위기〉라고 불러도 지나침이 없을 것이다. 이러한 위기는 제도적 개선을 통해서 뿐만 아니라 학생들 각자의 올바른 학구 자세를 통해서 극복되어야 하고 또 극복될 수 있다고 생각한다. 따라서 역자는 본서가 그러한 노력을 시작하는데 있어서 하나의 좋은 출발점이 될 수 있기를 기대한다. 또한 이미 대학을 떠난 일반 지성인들에게도 본서가 마음의 양식이 되는 좋은 〈읽을거리〉가 될 수 있기를 바라는 마음도 숨기지 않겠다.

제15장

로버트 W. 터커, 강성학 역,
불평등한 세계,
서울: 박영사, 1983

Robert W. Tucker, *The Inequality of Nations*,

New York: Martin Robertson & Co Ltd, 1977

　　오늘날 우리는 민족국가 간의 상호의존시대에 살고 있
다고 한다. 역사적으로 철학적인 비전이나 종교적인 가르
침은 인류의 상호의존성을 항상 지적하여 왔다. 그럼에도
불구하고 오늘날 국가 간의 상호의존성이 역사상 그 어느
때보다 특히 강조되고 있는 것은 무엇 때문인가? 상호의
존의 개념은 일방적인 의존의 현실, 즉 종속의 현실을 감
추기 위한 하나의 수사학(修辭學)에 지나지 않는 것인가,

아니면 그것은 소위 자칭 현실주의들마저 보지 못하는 우리 시대의 진정한 현실인가? 실제로 상호의존의 개념은 단순한 수사학인가, 아니면 현실인가에 관해서 대부분의 사람들의 마음 속에는 상당한 회의가 남아 있으며, 사실상 이 개념은 국제체제적 질서의 과두정체적인 현실을 감추기 위해서 수사학적으로 종종 이용된 의혹을 전적으로 피하기는 어려울 것이다.

그럼에도 불구하고 최소한 우리는 오늘날 민족국가 간의 상호의존성이 점증하는 시대에 살고 있음을 부인하기도 어렵다. 그렇다면 어떤 의미에서 우리는 갈수록 더 상호의존적이라고 말할 수 있을까? 상호의존의 개념은 고도로 기술적인 의미에서 정의될 수 있다. 그러나 더욱 문제가 되는 것은 상호의존이라는 개념의 기술적인 정의(定義)가 아니라 그것이 국제적 평화·질서 그리고 정의(正義)에 무엇을 암시해 주고 있는가이다.

민족국가 간의 상호의존, 최소한 점증하는 상호의존성은 국제적 평화·질서 그리고 정의의 실현을 약속하는 것일까? 역사의 신(神)은 말이 없다. 그 침묵은 묵시적 동의일 수도 있고 또 무반응의 부인(否認)일 수도 있다. 아니 어쩌면 양쪽을 동시에 암시하고 있는지도 모른다. 상호의

존성은 야누스와 같은 것이다. 왜냐하면 그것은 한편으로
는 인류역사상 그 어느 때보다 국가상호간의 긴밀한 협력
을 통해서 칸트가 간직했던 꿈의 실현을 기약해 주는 것
같으면서도 동시에 또 다른 한편으로는 상호의존성이 잉
태하고 있는 보다 많은 갈등의 가능성에 대한 루소의 경
고를 상기시켜 주고 있기 때문이다.

  어쨌든 상호의존관계는 국가 간의 관계들이 반드시 상
호호혜적이라든가 상호간의 균등한 의존상태를 반드시
의미하거나 또는 기약하지 않는다. 오히려 그것은 상호간
의 손실과 좀더 과장해서 표현한다면 궁극적인 종말을 경
고해 주기도 하는데 이러한 사실은 핵무기의 위협에 의해
서 가장 극적으로 표현되고 있다. 따라서 점증하는 상호
의존관계란 새로운 국제협력체제가 과거의 국제적 갈등
과 투쟁의 관계 유형을 완전히 대치했다거나 혹은 대치할
것이라는 것을 의미한다고 해석될 수는 없겠다. 다만 우
리는 역사상 과거 어느 때보다도 국가상호간에 서로 민감
하게 반응할 수밖에 없는 국제체제 속에 살고 있으며, 모
든 국가들은 정도의 차이는 있어도 서로 상처받기 쉬운
불완전한 세계에 살고 있다는 것을 의미하는 것으로 해석
되어야 한다. 즉 우리에게는 새로운 공동인간성을 회복하

고 새로운 국제질서와 정의의 창조가 그 어느 때보다도 더 절실히 요청되는 시대에 살고 있는 것이다.

따라서 우리에게 필요한 것은 칸트나 루소의 어느 한쪽의 지성적 유혹에 지나치게 빠져 들어가지 않으면서 양쪽의 가능성을 동시에 의식하고 전쟁과 평화, 질서와 무질서, 정의와 불의가 교차되는 국제사회에서 객관적 정세의 객체로 전락하지 않고 스스로의 운명을 개척해 나갈 수 있는 주체에게 필요한 국제사회에 대한 역사철학적 올바른 조망이라고 해도 과언이 아닐 것이다. 그러한 역사철학적 조망이 없이 단순히 정치적 슬로건의 노예가 되거나 혹은 서로 상쇄적인 수많은 단세포적 정보의 홍수에 빠져 우왕좌왕한다는 것은 지적으로 '훈련 받은 무능'(trained incapacity)을 폭로해 줄 뿐만 아니라 국제정세에 대한 관찰의 결과가 '보잘 것 없음의 철의 법칙'(the iron law of triviality)의 굴레에서 벗어나지 못하고 있다는 것을 말해 준다.

바꾸어 표현한다면, 국제적 문제들은 그 문제들이 처해 있는 역사적 환경의 올바른 이해를 전제로 할 수밖에 없다. 올바른 이해 없이 괜히 바쁘게 덜렁거리는 행동은 마치 해도(海圖) 없이 험한 국제정치의 바다에 무모하게 뛰

어드는 행동만큼이나 대담할지는 몰라도 결국은 어리석은 자살행위이다. 그리고 그러한 행동의 특권은 어느 국가 어느 지도자들에게도 부여되어 있지 않다. 정치지도자는 단 한 번의 실수도 용서받을 수 없다. 그것은 그가 선발된 지도자라는 단순한 사실 때문만이 아니라 그의 실수는 개인의 실수로 끝나지 않고 그가 영도하는 수많은 국민에게 충분히 피할 수 있었을 역사적 비극을 불가피하게 한 책임이 있기 때문이다.

본서는 로버트 터커(Robert W. Tucker)의 〈*The Inequality of Nations*〉를 번역한 것이다. 그의 〈불평등한 세계〉는 오늘날 우리가 직면하고 있는 국제적 문제들 특히 '남북 문제'라고 상징적으로 표현되고 있는 국제적 문제에 관한 역사철학적 이해와 조망들을 비교 검토해 줌으로써 우리가 현대국제정치적 현실에 대한 균형잡힌 지성적 조망을 형성하는 데 훌륭한 기본적 자료를 제시해 주고 있다. 그런데 여기서 부제(副題) "국제적 신(新) 질서와 정의에 관한 역사철학적 명상을 위하여"는 본서의 탐구방법이 소위 과학적이 아니라 철학적이며, 그 내용은 역사의 진행과정에 관한 철학적 해석(哲學的 解析)이라는 것을 잠재적인 독자들이 즉각적으로 짐작할 수 있도록 하기 위해서 역자가 붙인 것임을 밝혀 둔다. 또한 읽기에는 다소 딱딱하게 느끼겠지만 독자들이 스스로 저자의 뜻을 간파할 수 있는 기회를 극대화하기 위해서 직역에 치중했음을 부언하고자 한다.

제16장
벤자민 J. 코헨, 강성학 역,
제국주의의 해부,
서울: 법문사, 1984

Benjamin J. Cohen, *The Question of Imperialism: The Political Economy of Dominance and Dependence*,

New York: Basic Books, Inc., 1973

  국가 간의 관계는 갈등과 협조가 동시에 이루어지는 본질적으로 매우 복잡한 경쟁적 관계이다. 이와 같이 복잡한 경쟁적 관계의 어느 면이 지배적인 현상인가 하는 것은 국제관계의 관찰자나 분석자의 시각과 판단에 따라 다를 수밖에 없다. 그러므로 국제관계의 갈등적 특징만을 국가관계의 본질로 보고 그러한 현상을 일반화시키려는 권력정치의 패러다임(paradigm)과 협조적인 측면을 크게 강조함으로써 국가 간의 상호의존성을 부각시키려는 패러다임이 함께 공존하고 있으며, 이 두 패러다임은 상호 경쟁하고 있는 것이다.

모든 국제체제가 그러하지만 특히 오늘날 우리가 살고 있는 현대 국제체제는 세 가지의 차원을 동시에 포함하는 복잡한 체제이다. 즉 국가들 사이의 수평적 관계와 수직적 관계, 그리고 기능적 관계를 함께 포함하고 있는 것이다. 그리고 이 세 가지 차원의 관계는 동시에 상호 긴밀한 관계 속에서 진행되고 있으며, 한 차원에서의 영향력이 다른 차원에서의 동일한 정도의 영향력을 수반하지는 못한다. 예를 들어 군사적 초강대국인 소련이 세계경제적 차원에서 혹은 국제기능적 차원에서 일본이나 사우디아라비아보다 더 영향력을 미치고 있다고 볼 수는 없을 것이다. 따라서 국제현상을 이해하는 데 있어서 1차적으로 중요한 것은 아주 복잡한 관계를 지나치게 단순화함으로써 왜곡된 현실관의 포로가 되지 않는 것이라고 할 수 있다.

왜냐하면 국제관계의 확실한 본질을 규명하려는 지적인 노력은 오히려 보다 복잡한 국제관계를 지나치게 단순화함으로써 국제관계의 진정한 현실을 크게 왜곡할 가능성이 매우 높기 때문이다. 그리고 국제관계의 현실에 대한 왜곡된 패러다임은 국가들의 외적 환경과 도전의 인식 내지 지각을 굴절시킴으로써 올바르고 현명한 정책의 선택을 불가능하게 하며, 불필요한 국제 갈등을 더욱 확대시키는 결과를 가져오게 될 것이기 때문이다. 갈등의 확대와 심화는 소위 '지구촌'이라고 불리는 우리 시대의 국제체제적 단일성으로 인해서 인류의 종말을 예고할지도 모르는 것이다.

결국 우리는 인류역사상 그 어느 때보다도 국제관계에 대한 올바른 이해가 필요한 시대에 살고 있다. 그럼에도 불구하고 복잡한 현상을 단순한 시각으로 이해하려는 본능적 충동과 지적 태만이 상징조작을 위해 고안된 몇 마디의 정치적 슬로건에 사로잡혀 불행한 이념적 투쟁에 빠져드는 경우를 우리는 종종 발견하게 된다. 그와 같은 국제관계의 단순화나 도식화의 일례가 학문적으로뿐만 아니라 일반 시민들 사이에 유행하는 소위 신제국주의론, 신식민주의론, 또는 종속이론 등의 형태를 띤 상징적 언어들이다. 제국주의라는 용어 자체는 역사적으로 매우 오래된 개념이지만 최근 '신(新)'이라는 접두사를 달고서 혹은 '종속이론'이라는 복장을 하고서 새로운 유행을 불러 일으키는 데에는 그만한 이유가 있을 것으로 판단된다. 그 중에서도 가장 중요한 이유는 그동안 심화되어 온 국가 간의 빈부의 격차이다. 특히 과거 식민통치를 경험한 국민들과 과거 식민종주국 국민들 사이의 빈부 격차가 완화되어 가기는커녕 오히려 국가들 사이의 국제법상 평등에도 불구하고 정치경제적 불평등이 심화된 현실에 근거한다고 하겠다. 이러한 불평등한 현상을 설명하는 학문 간 이론화 작업의 미발달은 지적 공백을 초래했고 또 그러한 지적 공백은 여러 가지 제국주의론 특히 마르크스 — 레닌주의적인 신제국주의론이나 종속이론 류의 지적 유행을 불러 일으킨 것이다.

이러한 지적 유행은 우리 시대의 지성적 위기 혹은 우리 시대 정치철학의 위기라고 할 수 있다. 그리고 그러한 위기는 정치철학이 정치과학에 의해 대체되고 도덕과학이 경제수학에 의해 대치되는 사회과학의 빗나간 발전과정의 피할 수 없는 귀결이라고 할 수 있다. 가치와 사실의 구별을 전제하는 학문은 일반시민들의 정치 · 경제의 이해가 과학화되었을 때에만 설득력이 있는 것이다. 과학적 이해란 전(前)과학적(pre-scientific) 이해와의 결별을 의미하는 것이지만 대부분의 시민들은 과학적 이론의 합리성보다는 생활 속에서의 직접적인 경험과 이미지에 더욱 의존하여 현실을 지각하고 있다. 따라서 우리는 지적 유행에 압도되기 전에 새로운 지적 토대를 세울 필요성에 직면하고 있다. 그리고 그것은 정치와 경제가 조화를 이루는 것이어야 한다. 경제를 무시한 정치학이 불완전한 것이라면 정치를 배제한 경제학은 공허한 수식(數式)의 나열에 지나지 않기 때문이다.

국가 간의 불평등은 엄연한 현실이며 매우 심각한 문제라는 사실을 부인할 수는 없다. 그러나 그러한 현실을 인식·설명하고 정책적 처방을 강구하는 데 있어서 반드시 마르크스—레닌주의자로 전락할 필요도 없거니와 그러한 지적 전락이 소망스런 것도 아니다. 왜냐하면 우리의 관심은 특정한 "이데올로기"나 "정치적 슬로건" 혹은 "그럴 듯한 의견"이 아니라 "객관적 진리"이기 때문이다. 일반적으로 국내사회이든 국제사회이든 사회현상을 관찰·분석하는 사회과학자는 수학자와는 다르다. 수학자는 같은 문제에 대해서 같은 해답을 추구함으로써 그들 사이에는 '정답'에 대한 경쟁이 존재하지 않는다. 그러나 사회과학 특히 정치학은 수학이 아니기 때문에 탐구의 대상이니

현실과 문제의식은 같아도 진단과 처방은 각각 다를 수밖에 없는 일종의 '정답'에 대한 경쟁적 학문이라 할 수 있을 것이다.

사회과학에 있어서 객관성이라고 하는 것은 절대적 의미에 있어서의 객관성이 되기 어렵다. 즉, 상대적인 객관성은 인정될 수 있지만 사회의식의 객관성이란 절대적일 수 없는 것이다. 사회적 실제는 근본적으로 행동으로 구성되고 있으며 그 행동이라는 현상은 자연현상과는 달리 행위자의 의미 또는 의도와 전적으로 분리하여 생각할 수 없다. 막스 베버(Max Weber)가 주장한 것처럼 사회적 행동의 의미는 행동자의 주관적 목적의식이며, 단순히 객관적 환경에 의해서 결정된다는 과학주의는 그러한 근본적 차이를 무시하고 있는 것이다. 사회적 행동은 자연환경(environment) 속에서 일어난다고 하기보다는 오히려 항상 변화하는 특정된 시기의 특정된 상황(situation) 속에서 행하여 진다고 할 수 있기 때문이다. 물론 행동을 제약하는 자연환경은 거의 행동자와는 상관없이 행동의 가능성을 제한하고 있지만 적어도 사회적 여건이라고 하는 인위적 환경은 스프라우트 교수의 지적처럼 행동자의 심리적 환경(psycho-milieu), 즉 행동자의 인식(perception)에 따라 그 의미가 달라질 수 있기 때문에 단순한 자연적 환경과 구분하여 상황이라는 개념으로 이해하는 편이 더욱 정확할 것이다.

사회과학은 이와 같은 사회적 행동과 그것이 처한 상황에 대하여 객관적 판단을 추구하는 것임에는 틀림없다. 그러나 행동의 의미의 이해(Verstehen)는 행위자의 주관적 세계에 대한 판단을 포함하지 않을 수 없다. 따라서 사회과학에 있어서 모든 법칙이나 논리는 사실상 하나의 가설의 단계에 머물고 있다고 하겠다. 그러나 그러한 가정이나 잠정적 논리가 자연과학의 그것과 달리 문제가 되는 것은 그러한 가정이 정치적인 의미에 있어서 중립적일 수 없다는 점이다. 바꾸어 말하면 사회과학의 논리는 절대적 객관성을 보장받지 못하면서 결과적으로 사회를 구성하고 있는 제 세력에 대하여 비중립적인 영향을 미치지 않을 수 없다는 것이다. 결국 사회의식은 현실과의 긴장관계에서 벗어나기 어려운 것이다. 그러나 그러한 긴장이 두려운 나머지 사회의식 자체가 억압된다면 그러한 억압은 또다른 현실에 도전적인 사회의식을 낳게 될 뿐이며 현실부정적 사회이론은 우리가 실현해야 할 '이상(理想)'으로 미화될지도 모른다. 따라서 우리에게 필요한 것은 어떤 사회이론의 절대화나 부정적 이론의 억압이 아니라 그러한 이론들을 진리 발견을 위한 토론의 광장에 끌어들여 사회의식의 성장과 발전·심화를 위해 노력하는 자세라고 하겠다. 의식으로부터의 도피가 아니라 의식의 긴장을 위해서, 현상의 안일한 유지가 아니라 현실의 개선을 위해서, 지성의 마비가 아니라 지성의 성숙을 위해서 말이다.

본서는 벤자민 J. 코헨의 〈*The Question of Imperialism*〉을 번역한 것이다. 자본주의 경제체제와 제국주의 사이의 원인과 결과의 관계를 전제하고 이것의 새로운 적용 영역을 발견하는 데에만 몰두하고 있는 많은 마르크스주의자들과는 달리 코헨은 본서에서 제국주의란 무엇이며 그러한 현상은 어떻게 설명될 수 있는가 하는 보다 근본적인 문제를 다루고 있다.

본서는 모두 7개의 장으로 구성되어 있다. 제1장 '제국주의의 의미'에서는 제국주의와 자본주의 경제체제 간의 원인·결과 관계의 인식의 잘못된 단순화를 다루면서 제국주의의 전통적 의미를 제시하고 있으며, 제2장 '고전적 제국주의'와 제3장 '현대적 제국주의로의 변천'에서는 제국주의가 어떻게 경제적인 관점에서 특히 마르크스 식의 경제적 설명으로 발전되어 왔는가를 분석하고 있다. 제4장 '중심부적 견해'에서는 신 제국주의 이론가인 배런(Baron), 스위지(Sweezy) 그리고 매그도프(Magdoff)의 주장을 조사하고 있으며, 제5장 '주변부적 견해'에서는 소위 종속이론의 주요 주장을 살펴보고 있다. 제6장 '종속과 착취'에서는 종속이론의 타당성을 분석하고 있으며, 마지막 제7장 '제국주의 일반이론의 모색'에서는 제국주의의 근원을 자본주의 경제체제가 아니라 국제체제의 무정부적 특성과 이로부터 유래하는 국가적 안보의 딜레마(sercurity dilemma)에서 찾아야 한다고 주장하고 있다.

물론 그의 이와 같은 결론은 많은 반론을 불러 일으킬 수 있다. 왜냐하면 오늘날처럼 국제질서가 단순히 수직적 관계뿐만 아니라 동시에 수평적이고 또 기능적 내지 초국가적(transnational) 관계가 복잡하게 결합된 시대에 있어서 그러한 주장은 저자의 변론에도 불구하고 지나친 단순화 내지 현실의 부분적 설명에 지나지 않기 때문이다. 즉 오늘날의 국제관계는 단순히 정부 간의 관계만이 아니라 사회 대 사회의 관계를 포함하며, 개인이나 단체의 사적 이익이 국가적 이익의 범주를 넘어서 추구되고 또 그것의 부분적인 자치(autonomy)가 허용되는 시대에 우리는 살고 있기 때문이다. 특히 소위 관료정치(bureacratic politics)에 관한 많은 문헌들은 국가의 안보에 관해서 논의하는 것조차도 매우 어렵다는 사실을 우리에게 설득력 있게 제시하고 있는 것이다. 따라서 본서는 제국주의에 대한 최종적인 보고서라기보다는 일단 제국주의를 총체적으로 해부하고, 보다 진지하고 지적인 토론을 불러 일으켰다는 데에 학문적인 기여를 하고 있다고 보아야 할 것이다. 이러한 이유에서 역자는 〈The Question of Imperialism〉을 〈제국주의의 해부〉라고 의역(意譯)하였으며 원래 간단한 목차를 보다 세분화하였다.

제17장

하바드핵연구단, 강성학·정천구 공역,
핵시대를 어떻게 살 것인가,
서울: 정음사, 1985

Harvard Nuclear Study Group, *Living with Nuclear Weapons*,
New York: Bantam books, 1983

"인류는 전쟁에 종지부를 찍지 않으면 안 된다. 그렇지
않으면 전쟁이 인류에 종지부를 찍을 것이다."

고(故) 케네디 대통령이 제시한 우리 시대의 최대 과제
이다. 참으로 현세대는 자신의 자살이나 '문명의 석기시
대'를 넘어서 인류 역사상 처음으로 다음 세대의 존립에
대한 거부권을 행사할 위치에 서게 된 것이다. 이제 종교
적인 종말관은 구체적인 현실로 우리의 눈앞에 그 모습을

드러내고 있다. 따라서 이 지구의 모든 주민들은 인간이 더 이상 살 수 없는 운명의 그날에 관해 생각하지 않으면 안 된다. 이 지상의 모든 남녀노소는 다같이 어느 순간에 든 사고나 오산 혹은 광기에 의해서 잘려질 수 있는 가느다란 머리털에 매달린 다모클리스(Damocles) 칼의 위험 속에 살고 있는 것이다.

역사적으로 이러한 숨막히는 위기일발의 상황 속에 살면서도 현대인들이 그 어느 때보다도 높은 물질적 생활수준과 편안감을 만끽하면서 서기 2000년대의 장밋빛 미래를 그려 보는 것은 인류역사의 잔인한 희롱이 아닐 수 없다. 우리 인류는 그때까지 살아남을 수 있을까?

이러한 엄청난 도전은 물론 인간이성의 구현인 현대과학과 산업기술의 결과이다. 장엄한 대자연을 정복하고 막막한 우주의 신비를 파헤치며 인간을 질병과 기아의 수용소에서 구출하고 무지의 암흑적 동굴로부터 해방시켜 준 인간이성의 찬란한 금자탑인 그 현대과학과 기술이 아이러니컬하게도 인간 자체의 존립을 위협하고 죽음과 파멸의 그림자를 늘어뜨리고 있는 것이다.

그렇다면 인류의 비극적 종말은 불가피한 것일까? 반드시 그렇지만은 않을 것이다. 생존의 마진이 위험스럽게도 줄어든 것은 사실이지만 그러나 아직도 마진은 남아 있다. 그렇기 때문에 비극적인 인류의 종말론을 거부하는 것이다. 인간이 적어도 자신의 이성을 통해서 자멸을 초래할 수 있는 프랑켄슈타인 괴물을 탄생시킬 수 있는 능력을 과시할 수 있었다면 또한 이와 동시에 자멸을 방지할 수 있는 이성과 그에 따른 합리적인 판단과 행동의 능력을 소유하고 있는 도덕적 존재임을 부인할 수 없다. 그리고 그러한 능력은 인류의 파멸을 잉태하고 있는 국제관계의 슬기로운 관리와 핵무기의 완벽한 통제를 통한 전쟁의 방지를 의미한다.

그러나 핵시대의 국제관계란 한 눈에 이해하기에는 너무도 어려운 과제임에 틀림없다. 그러나 그러한 어려움이 무관심의 구실이 될 수 없다. 왜냐하면 우리가 의식적으로 우리 시대를 관리하지 않는다면 우리는 의식적인 노력으로 충분히 피할 수도 있을 비극의 초래를 좌시하는 결과를 가져올 것이기 때문이다.

우리 시대의 슬기로운 관리는 우리가 직면하고 있는 당면 과제, 즉 핵무기가 제기한 복잡한 문제들에 대한 올바른 조망을 필요로 한다. 그러한 올바른 조망은 우리 시대를 평화를 향한 우리의 소망에 따라 관리하는 데 기여함으로써 우리가 두려워하는 비극의 가능성을 최소화할 수 있을 것이다.

결국 그러한 조망은 지성적 도전이다. 이 책은 그러한 지성적 도전에 대한 하나의 응전으로 하바드대학교의 지성인들이 제시한 〈*Living with Nuclear Weapons*〉를 번역한 것이다. 본서의 목적과 출판의 계기는 저자들의 서문과 하바드대학교 총장의 권두언에서 명백히 제시되고 있다. 본 역서도 그러한 목적에 부응할 수 있기를 바라는 마음에서 출판된 것이다.

제18장
로버트 노직, 강성학 역,
자유주의의 정의론: 아나키, 국가 그리고 유토피아,
서울: 대광문화사, 1991

Robert Nozick, *Anarchy, State, and Utopia*,

New York: Basic Books, 1974

정의(正義)란 과연 무엇일까? 이것은 고대 그리이스에서 철학이 등장한 이래 오늘에 이르기까지 거듭되는 철학적이며 실질적인 의문이다. 플라톤으로부터 우리 시대의 존 롤즈(John Rawls)와 로버트 노직(Robert Nozick)에 이르는 철학적 명상과 정치적 논의는 끝없이 계속되었다. 그럼에도 불구하고, 아니 어쩌면 그렇기 때문에 정의에 대한 일반적 이해는 시간의 흐름에 따라 변해 왔으며 발전되어 왔고 또 서로 다른 문화 속에서는 다르게 이해되었다. 바꾸어 말하면, 정의에 대한 개념은 문화적 및 사회적 환경에 따라서, 그리고 철학적 및 정치적 입장에 따라서 다양하다. 그리고 정의에 대한 상이한 견해는 갈등을 낳는다.

특히 20세기는 세계 각 국가들의 정의사회의 건설을 추구했던 세기였다. 굳이 아리스토텔레스의 지적을 빌리지 않더라도 정의가 정치사회의 반석임은 틀림이 없다. 그리하여 공산세계는 만인평등의 꿈 같은 사회를 약속했으며 자본주의 사회는 복지사회의 건설을 국가적 당면과제로 삼았다.

현재 목격하고 있는 소련 및 동구의 변화는 그들의 약속받은 평등의 땅이 허구였음을 보여 주었다. 왜냐하면 그들은 "모두가 평등하다. 그러나 어떤 사람은 다른 사람들보다도 더 평등하다"는 오웰(G. Owell)식의 실질적으로 불평등한 사회만을 낳고 말았기 때문이다. 반면에 자본주의 사회의 꾸준한 복지정책의 추구는 국가를 거대한 관료조직화함으로써 현대인의 삶을 통제하는 리바이어던으로 바꾸어 놓고 말았다. 그리고 복지사회를 추구하는 국가정책을 정당화시키는 정의이론은 공평으로서의 정의를 제시한 존 롤즈의 정의론이었다. 어쨌든 20세기는 자유보다는 평등의 가치가 더 중요한 역할을 수행해 왔다.

그러나 인간의 자유에 대한 욕구는 결코 영원히 박탈당하거나 포기될 수 없는 근원적 가치이다. 그리고 진정한 자유란 정부의 공권력에 의해서 주어지는 것이 아니라 그 공권력으로부터의 해방을 의미하며, 작금 바로 이러한 자유가 세계 도처에서 소리높이 요구되고 있다. 솔직히 말해서 우리 인간은 자유 없이도 생존이 가능하다. 하지만 자유가 없으면 자아의 실현을 통한 의미있는 삶의 설계는 불가능하다. 국가를 통해서만 인간이 자유로울 수 있다는 헤겔(Hegel)의 주장을 수락하지 않는다고 할지라도, 도스토프예프스키의 생각처럼 인간이란 자유롭기엔 너무도 연약한 존재라서 국가의 도움 없이는 살 수 없는지도 모른다. 그러나 그렇다고 하더라도 우리는 거대한 괴물 같은 국가에 의해서 통제되는 삶에 만족할 수도 없다. 따라서 자유란 실제로 국가와의 긴밀한 관계 속에서만 올바로 이해될 수 있고 또 이해되어야 한다.

본서는 로버트 노직(Robert Nozick)의 〈*Anarchy, State, and Utopia*〉를 한국학술진흥재단의 우량도서 번역사업의 일환으로 의뢰받아 번역한 것이다. 역서의 제목을 본서의 내용이 바로 자유를 최고의 가치로 삼는 자유주의의 정의관을 제시하고 있기 때문에 '자유주의의 정의론(正義論)'이라고 붙이고 그 부제에 원명인 '아나키, 국가 그리고 유토피아'를 붙였다. 이것은 순전히 독자에게 본서의 내용을 보다 즉각적으로 전달하려는 역자의 의도를 반영한 것이다.

본서에서 개진되고 있는 정의론은 본질적으로 19세기의 자유주의 사상을 반영하고 있는 것이지만 어쩌면 21세기를 내다보면서 제시한 정의론이라고 할 수도 있을 것이다. 본서의 가치와 번역의 당위성도 바로 이러한 맥락 속에서 발견될 수 있으리라 생각한다.

제19장
강성학 편,
동아시아의 안보와 유엔체제,
서울: 집문당, 2003

　인류의 최대 참사였던 제2차 세계대전의 종결과 함께 승전국 지도자들이 침략자를 억제하고 응징하여 세계평화와 안전을 유지하기 위해 유엔을 창설한 후 최초의 침략자는 한국전쟁을 일으킨 북한이었다. 그리하여 최초로 유엔 집단안전보장제도가 성공적으로 적용된 곳이 동아시아에서였다. 그러나 바로 그 유엔이 치열한 냉전시대에는 베트남 전쟁을 의제로 채택하지도 못했다. 유엔은 냉전체제의 종식과 함께 원기를 회복하여 캄보디아에서 내전을 종식시키는 데 성공했으며 동티모르국 탄생의 주역

이 되었다. 동아시아는 실로 유엔의 국제평화와 유지를 위한 존재가치의 실험장이었다. 유엔은 한반도에 아직도 유엔 사령부의 깃발을 날리고 있다. 그리고 반세기 동안 한반도의 평화에 분명히 기여했다. 이러한 맥락에서 이 책은 동아시아와 한반도의 안보에 미치는 유엔의 역할 변천 및 이에 대한 한국의 관점과 향후 과제에 대해 고찰하고 있다.

제1장에서 강성학 교수는 한국전쟁, 캄보디아 내전, 동티모르 독립운동에 대한 유엔 개입의 성과 및 한계점을 평가하는 한편, 중국의 티벳 침공, 인도－중국 간 국경분쟁, 중국－베트남 간의 갈등, 북한의 NPT 탈퇴사건 등 동아시아 지역에서 발생한 크고 작은 많은 분쟁과 충돌에 대해 유엔이 외면 내지 소극적·기회주의적 태도를 견지해 온 점을 비판하고 있다. 강 교수는 스스로 직접 행사할 권력이나 수단을 갖고 있지 못한 유엔이 설립취지에 부합하는 평화안보 수호자로서의 역할을 제대로 수행하기 위해서는 유엔 회원국들과 국제사회의 의지가 무엇보다 중요하다고 강조한다.

제2장에서 홍규덕 교수는 미국 부시 행정부의 대유엔 정책에 관한 주요 현안문제를 전임 행정부의 정책과 비교

하여 설명하고, 미국과 유엔 관계의 변화가 갖는 함축성을 한국의 입장에서 고찰하고 있다. 특히 제56차 유엔 총회에서 제기된 이슈들 중 부시 행정부의 우선순위들을 살펴봄으로써 지구촌 공동문제들을 해결해 나가는 과정에 있어 미국의 주요 관심영역과 입장을 가늠하는 한편, 미국의 일방주의가 미국 국익에 어떠한 결과를 가져오는지를 논의하고 있다.

제3장에서 제5장까지는 한국의 유엔 평화유지활동(PKO)을 중심으로 한 심층연구이다. 우선 제3장에서 이서항 교수는 국제평화 및 안보를 위해 필수적인 임무로 평가받고 있는 유엔 평화유지활동의 원칙과 기능 및 변천과정을 검토하고, 이에 더하여 소말리아, 앙골라, 서부 사하라, 동티모르 지역의 내전이나 분쟁에 있어 한국의 유엔 PKO 참여 실적과 현황을 살펴봄으로써 향후 바람직한 기여방안을 모색하고 있다. 이 교수는 한국의 PKO 참여에 대한 긍정적 평가와 부정적인 요소 및 실무적인 문제점을 지적하면서, 향후 정책방안으로 유엔의 PKO 상비체제를 한국의 실정에 맞게 적용하여 준비체제를 갖추어야 한다고 주장한다.

제4장에서 박재영 교수는 한국의 PKO 참여 경험을 세

기간으로 나누어 보다 구체적으로 설명하고 시기별로 한국 PKO 정책의 특징을 고찰하고 있다. 박 교수는 평화유지활동에 영향을 미치는 요인들로 여론, 국회의 태도, 대외정책 목표, 국가안보에 대한 우려, 군의 국제화 필요성 등을 지적하는 한편, 효과적인 PKO 활동을 펼쳐가기 위해서 평상시에 국민을 지속적으로 지도하는 것이 중요하다고 주장한다.

제5장에서 박홍순 교수는 한국의 PKO 정책에서의 의사결정과 국내정치적 요인의 관계를 고찰하고 있는데, 즉 한국의 유엔 PKO 참여 결정의 연속성과 변화를 살펴봄으로써 대통령의 의사나 의지와 이를 둘러싼 야당의 반대 등 국내 정치가 어떻게 유엔 PKO 참여에 관련된 의사결정 과정에 영향을 미치는가를 논의하고 있다. 특히 박 교수는 한국의 PKO 관련 의사결정에 대해 현 김대중 정부와 이전의 정부정책들을 비교·분석하면서, 한국적인 외교정책 과정의 제약과 한계를 지적하는 동시에 한국의 PKO 정책결정 과정이 선진 외교강국을 지향하는 우리 외교를 위한 새로운 과제를 제시하고 있다고 주장한다.

제6장에서 이신화 교수는 인도주의에 기반한 국제질서 확립을 위해 국가주권 및 전통 안보 개념이 어떻게 정립

되어야 하는가를 분석하기 위한 일환으로 인간 안보에 대한 이론적 고찰을 하고 있다. 특히 이 교수는 1990년대 들어 심각해진 북한의 식량난과 최근 국제사회의 주요 현안문제로 부상하고 있는 탈북자 문제의 원인과 전개과정을 살펴봄으로써, 북한의 인권위기 상황은 국가안보나 이해관계가 어떻게 사람들의 안전과 복지를 저해할 수 있는지를 단적으로 보여주는 예라고 주장하며, 이 문제에 대처할 한국정부와 국제사회, 특히 유엔의 역할을 강조하고 있다.

제20장

강성학 · 김경순 · 김성호 · 남기정 · 문명식 · 우평균 공저,
시베리아와 연해주의 정치경제학,
서울: 리북, 2004

본서는 2002년도 한국학술진흥재단의 협동연구 과제,
"한―일―러 삼각구도 속의 시베리아와 연해주: 협조와
대립, 음모와 경쟁의 정치경제학"에 대한 연구를 지난 1
년간 수행하여 얻은 결과물들을 한 권의 책으로 묶은 것
이다. 본 연구는 한반도와 러시아, 일본을 연결하는 지역
으로서의 시베리아와 연해주를 대상으로, 해당 지역 각국
의 연구자들을 포괄하는 국제적 연구를 통해 탈냉전기의
정치와 안보영역, 그리고 경제와 민족의 분야에서 협조와

대립, 경쟁과 타협의 중심지로 부상하고 있는 이 지역의 평화적 개발과 지역 통합, 협조체제 구축의 가능성을 분석하는 데 목적을 두었다.

시베리아와 연해주는 한민족의 시원으로까지 거슬러 올라가는 인류학적 의미를 지녔을 뿐만 아니라, 역사적으로, 한민족의 활동반경을 넓히는 과정에서 한반도와 제일 가까웠던 흔적도 가지고 있다. 가깝게는 일제의 지배를 벗어나기 위해 몸부림쳤던 선대의 혼과 자취가 깃들어 있는 지역으로 우리에게 각인되어 있으면서, 동시에 소연방 붕괴 이후 다시금 한민족의 활력을 되찾는데 꼭 필요한 전략적 거점으로, 주로 경제적인 측면에서 관심이 고조되어 왔다. 따라서 이 책에 실린 다수의 논문들은 우리 입장에서 시베리아와 연해주에 다가가는데 사전에 알고 있어야 할 필수적인 요인들, 즉 정치·경제·외교·군사·안보적인 현안들과 그에 대한 접근 방안, 그리고 미래 전망을 위주로 풀어서 적절하게 설명하려고 시도한 것들이다. 아무쪼록 본서가 우리 앞에 등장한 시베리아와 연해주의 정치경제학을 이해하는 데 지적 도움이 되길 기대한다.

제21장

강성학 편,
동북아의 평화사상과 평화체제,
서울: 리북, 2004

평화는 인류 모두의 소망이다. 그러나 우리가 살고 있는 동북아는 우리의 삶과 죽음, 번영과 파탄, 발전과 퇴영이 직접 결정되는 우리의 지정학적 조건이다. 따라서 순전히 지정학적 관점에서만 본다면 한반도는 동북아시아의 심장부(heartland)이다. 좀 과장해서 말한다면 역사적으로 한반도를 지배하는 자가 동북아를 지배하고 동북아의 지배자가 한반도를 지배했기 때문이다. 오늘날에도 한반도와 동북아의 평화는 불가분리의 관계에 있다고 하겠다. 한반도의 평화가 동북아 평화의 전제조건이라면 동북아

의 평화는 한반도 평화의 필요조건이다. 한반도가 속한
동북아에도 평화사상이 없을 리 없고 평화체제의 수립 가
능성 또한 배제할 수 없다. 아니 한반도의 평화를 위해서
라도 우리는 동북아의 평화사상을 재검토하고 평화체제
의 수립을 위한 계획들을 논의해야 할 때이다. 21세기에
접어들면서 한반도와 동북아는 중요한 변화를 시작했기
때문이다. 본서는 바로 그러한 시대적 요청에 대한 하나
의 응답으로서 비록 작지만 지혜로운 부엉이의 목소리가
될 수 있기를 기대하면서 작성된 것이다.

동북아의 평화가 무엇보다도 우리에게 중요한 연구주
제라는 인식에서 1988년 3월에 설립된 고려대학교 평화
연구소는 그동안 한반도를 비롯하여 동북아와 세계 평화
문제에 대한 전문연구기관으로 성장해 왔다. 그동안의 연
구성과와 학술활동을 인정받아 2002년 6월에 한국학술
진행재단에서 선정하는 중점연구소로 지정된 이후, 평화
연구소는 "동북아의 평화체제와 평화사상: 탈냉전기 동
북아 평화질서 구축을 위한 모색"이라는 대주제로 지난 2
년 여 동안 연구를 수행해 왔다.

이 책은 2002년도 한국학술진흥재단의 지원에 의하여
연구된 상기 주제(KRF-2002-005-B00021)의 제1차 년도

의 주요 연구결과들을 모은 것으로서, 동북아 평화의 조건, 사상과 주요 이슈들을 다루고 있다. 따라서 여기에 수록된 논문들은 평화연구소가 주최한 2002년 10월과 2003년 2월의 국내학술회의, 그리고 2003년 5월의 국제학술회의 등에서 발표된 논문들을 수정·보완한 것들로서, '동북아의 국가와 시장, 평화의 제도화', '동북아의 평화사상과 문화', 그리고 '동북아의 여성과 환경, 민족문제' 등을 다루고 있다. 아무쪼록 본서가 동북아 평화사상과 평화체제를 이해하고 연구하는 데 초석이 될 수 있기를 기대한다.

제22장

강성학 편,
유엔과 한국전쟁,
서울: 리북, 2004

　이 책에 수록된 논문들이 발표되던 2003년 8월, 유엔
(United Nations)은 전례 없는 슬픔과 분노와 절망감에 젖어
있었다. 국제평화와 안전의 유지를 존재 이유로 삼고 있
는 유엔 자체가 이라크에서 파괴적 공격 목표가 되어 버
렸기 때문이다. 테러 분자들에 의해 무자비한 자살 공격
을 받아 세르지오 비에이라 드멜로(Sergio Vieira de Mello)
유엔 특사를 비롯한 유엔 요원들과 무고한 이라크 시민
등 24명이 살해되었고, 이들을 애도하는 뜻으로 뉴욕 유
엔 본부의 국기 게양대에는 전 회원국 국기들이 조기(弔

旗)로 게양되었다. 유엔을 사랑하는 지구촌의 많은 사람들도 그토록 숭고하고 순수했던 평화 애호와 인도주의 정신의 실천가들의 죽음을 슬퍼하였다. 코피 아난(Kopi Annan) 유엔 사무총장의 개탄처럼 유엔에 대한 이번 공격은 참으로 정당한 이유 없는 살인적 폭력 행위 외에 아무것도 아니었다.

이 같은 최근의 비통한 상황과 지난 58년의 유엔 역사를 회고할 때 한국전쟁에서 보여준 유엔의 역할은 유엔의 전 역사를 통해 볼 때 "가장 위대한 순간"(the finest hour)이었다고 해도 과언이 아닐 것이다. 1950년 6월 한국전쟁의 발발 직전까지만 해도 유엔은 창설자들의 평화 계획을 완전하게 수립하지 못했다. 유엔 창설과 함께 핵시대가 도래하였고, 국가들 사이의 이견으로 헌장 43조에 명시된 군사위원회의 설치는 이미 포기된 상태였던 것이다. 그러나 유엔은 유엔 안보리의 "결정" 대신 "권고"의 형식을 빌려 북한의 침략을 격퇴함으로써 유엔의 장엄한 역할을 역사에 기록할 수 있었다.

그럼에도 불구하고 그 후 유엔은 국제분쟁과 전쟁의 안타까운 방관자로 전락했던 것이 사실이다. 하지만 유엔은 냉전 종식과 함께 부활하여 소위 인도주의적 개입을 통해 본래의 역할과 위상을 상당히 회복하였다. 아울러 시대의 흐름에 맞추어 유엔은 과거의 집단안전보장 체제에서 국제적 위기관리 체제로 변화하고 있다. 그러나 이 같은 새로운 역할의 성공적 수행은 과거와 마찬가지로 유엔 회원국들의 단결에 의해서만 가능한 것이다. 무엇보다도 유엔(United Nations)의 가장 큰 한계는 유엔이 항상 연합(united)되지 못한 채 오히려 분열(divided)되어 있다는 것이다. 벤자민 프랭클린의 명언처럼 유엔도 "뭉치면 살고 흩어지면 사멸할"(If we do not hang together, we will hang separately) 것이다. 하지만 유엔은 흔히 말하듯 그것이 존재하지 않는다면 지금이라도 창설해야 할 인류의 공동 기구이다. 따라서 우리 모두는 유엔은 더욱 지원해야 할 것이다.

한국전쟁은 최초의 유엔 전쟁이었다. 그럼에도 불구하고 한국에서 유엔이 수행한 역할은 한국전쟁 연구자들이나 유엔 전공자들에게 그동안 간과되어 온 주제였다. 유엔의 역할과 기능, 유엔의 약속과 한계를 이해하고 유엔의 미래를 내다보는데 "한국전쟁과 유엔의 역할"보다 더 적절한 주제는 없을 것이다. 한국전쟁이 종결되고 50여 년이 지난 오늘, 우리는 이 주제를 어떤 편견도 없이 접근할 수 있는 시기가 되었다고 생각한다. 우리 한국유엔체제학회가 2003년도 학술회의 주제로 "한국전쟁과 유엔"을 택했던 이유가 바로 여기에 있다. 우리는 이번 학술회의가 지적으로 충만하고 역사를 바로 아는 결실 있는 회의가 되기를 희망했고, 이 책에 실린 논문들은 그러한 노력의 산물이다.

제23장
강성학 편,
유엔과 국제위기관리,
서울: 리북, 2005

    국제평화와 안전에 대한 인류의 염원은 아직도 세계 도처에서 유린당하고 있다. 20세기 말 냉전이 종식되자 많은 사람들은 21세기는 지난 세기와 다를 것이라 기대하였다. 어떤 사람들은 이데올로기 대립의 종식이 궁극적으로 정치적 자유민주주의와 경제적 세계 공동시장화로 평화를 구가할 것으로 내다보았고, 어떤 사람들은 미래에는 국가의 역할마저 축소되어 공포 없는 시민사회가 만개하는 세상에 대해 장밋빛 희망을 품었다. 하지만 21세기의 시작은 그러한 예상과 딴판으로 전개되었다. 2001년 9월

11일 미국의 뉴욕과 워싱턴에서 민간 항공기를 이용한 대규모 테러공격이 발생하고, 곧 이어 미국이 테러와의 전쟁을 선언하면서 중동의 사막에서 대대적인 군사작전을 전개하자 전 세계는 전율에 휩싸였다. 결국 새로운 밀레니엄의 시작은 전쟁과 공포로 시작된 것이다.

냉전 시대의 이데올로기 대립은 이제 종교와 인종적 반목이라는 또 다른 갈등 현상으로 대체되었다. 많은 사람들은 이러한 위기 앞에서 국제평화와 안전을 위해 창설된 유엔이 본연의 역할을 다해 줄 수 있기를 희망했으나, 아쉽게도 국제관계에 있어 힘의 정치는 여전히 위력적이었다. 그럼에도 불구하고 유엔이 존재가치와 그 소명을 잃어버린 것은 아니다. 인류의 대변자로서 유엔의 역할은 비록 국제적 위기를 완전히 해결하지는 못하지만, 위기를 완화시킬 수 있는 여전히 유일한 정통성을 가진 보편적 국제기구이기 때문이다.

사실 정치군사적 문제가 아닌 비군사적 부문, 예를 들어 경제, 환경, 기아, 인권, 복지 등에 있어서 유엔의 역할은 더욱 커지고 있다. 최근 이러한 이슈들이 인간안보(human security)의 중요한 변수들로 등장하면서 유엔의 위기관리 역할은 더욱 중요해지고 있다. 이러한 탈국경적

(transnational) 이슈들에 관한 국가 간의 이해를 조정하고 중재하는 데 있어서 유엔만큼 권위 있는 존재는 없다. 이러한 권위가 더욱 확대됨으로써 궁극적으로 세계 평화와 안보라는 유엔의 본래 목적을 달성할 수 있기를 세계는 기대하고 있다. 유엔 이외의 다른 대안이 없는 상황에서 우리는 유엔에 기대를 가질 수밖에 없기 때문이다.

이 책은 이러한 문제의식 하에서 한국과 일본에서 유엔 및 국제기구를 연구하는 학자들의 연구 성과의 하나이다. 여기에 실린 논문들은 2004년 9월 서울에서 한국유엔체제학회(KACUNS)가 일본의 유엔연구학회(JAUNS)와 개최한 제4회 합동학술회의에서 발표된 논문들을 수정 보완한 것이다. 영문본은 2004년 12월에 〈*The United Nations and Global Crisis Management*〉라는 제목으로 출판되었고, 이 책은 그것을 국문으로 번역한 것이다.

제24장

강성학 · 양성철 공편,
북한외교정책,
서울: 서울프레스, 1995

국가의 생존과 번영의 조건은 변한다. 즉, 국제질서의 본질은 변화에 있다. 따라서 정치 지도자들은 변화하는 국제 환경에 적극적으로 적응하려 든다. 적절한 적응만이 국가적 삶을 지속시켜 주기 때문이다. 변화하는 환경에 적응하지 못하는 생명체는 공룡의 비극적 운명을 피할 수 없다. 이런 맥락에서 본다면 외교정책이란 적응기술의 영역이라고 해도 과언이 아닐 것이다.

오늘날 변화된 국제환경에서 생존을 위한 적응의 기술이 북한보다 더 절실히 요구되는 곳도 드물다. 북한은 새

로운 국제질서 속에서 능동적으로 슬기롭게 적응해 나갈
것인가? 아니면 능동적 적응보다는 고슴도치 같은 허세의
수사학만을 되풀이하다가 '어둠의 왕국(王國)'으로서 그
수명을 다할 것인가? 과연 북한의 외교정책은 오늘의 시
점에서 어떻게 평가할 수 있을 것인가? 이러한 의문에서
1994년 한국국제정치학회는 〈북한 외교정책〉을 특별기
획 연구주제로 결정하고 12월 연례 학술회의에서 발표된
기획논문들을 모아서 단행본으로 출간하기로 했다. 이
책은 바로 그 연구사업의 결과물이며 보고서가 되는 셈
이다.

그동안 북한연구는 이른바 북한 전문가들에 의해서 꾸
준히 수행되어 왔으며 적지 않은 훌륭한 연구업적들이 이
미 존재하고 있다. 그럼에도 불구하고 본 북한연구의 기
획은 지금까지 "북한 내부에서 바깥 세상을 내다보는" 대
부분의 연구들과는 달리 북한의 외교정책 대상국의 입장
에서, 즉 "바깥 세상에서 북한을 들여다보는" 조망을 의
도적으로 선택해 보기로 했던 것이다. 이러한 분석적 조
망이 북한 외교정책에 대해 과거의 연구 결과들과 근본적
으로 다른 결과를 가져왔는가의 여부는 독자들의 평가에
유보하겠다. 그러나 만일 동일한 결과가 나왔다 하더라도

본 연구가 과거 연구 결과들의 중요성을 확인해 주는 최
소한의 역할은 수행한 것이라 할 수 있다.

제25장

강성학 · 서진영 · 조정남 · 우평균 공편,
동북아의 근대적 변용과 탈근대 지향,
서울: 매봉, 2008

근대성이 무엇인가는 여전히 논란이 되고 있다. 그럼에도 우리의 세계는 탈근대로 진입하고 있다. 근대민족국가 중심의 근대성이 어떤 제도를 의미하는 것이라면, 그것은 과학주의, 자본주의, 민주주의, 공산주의의 종합이라고 볼 수 있다. 이처럼 근대성은 역사의 구체적 전개 과정에서 반드시 단일의 유형만으로 나타나는 것이 아니다. 근대성이란 자연과 사회적 삶에 개입하여 물질문명을 성취하는 동시에 그러한 개입이 경제적 계층화, 생태적 위기,

민주적 권리의 부정 및 전쟁의 위협 같은 자기모순을 노정했다. 결국 근대성의 이러한 이중성은 사실판단을 넘어선 가치판단을 요구하고, 그 가치판단의 규범적 지향은 역으로 사실에 대한 분석과 탐구에 끊임없이 개입한다. 본서는 이와 같은 인식에 근거하여 동북아에서의 근대성의 의미와 탈근대적 상황에서의 변용이라는 주제에 천착하여 담론적 차원에서나마 그 대답을 하고자 하는 시도이다.

동북아의 평화가 무엇보다도 우리에게 중요한 연구주제라는 인식에서 1988년 3월에 설립된 고려대학교 평화연구소는 20년의 연륜을 쌓으면서 한반도를 비롯한 동북아와 세계 평화문제에 관한 전문연구기관으로 성장해왔다. 평화연구소는 그간의 연구성과와 학술활동 및 새로운 연구계획에 대해 인정받아 2002년 6월에 한국학술진행재단에서 선정하는 중점연구소로 지정된 이후, 2002년 7월부터 2004년 6월까지 "동북아의 평화체제와 평화사상: 탈냉전기 동북아 평화질서 구축을 위한 모색"이라는 1단계 대주제로 2년 동안 연구를 수행하였다.

본서는 앞선 제1단계를 잇는 제2단계 연구기획인 "동북아의 근대적 변용과 탈근대 지향"이라는 주제로 중점

연구소 지원을 받아 2004년 7월 1일부터 2006년 6월 30일 까지 수행한 연구 결과를 토대로 한 것이다. 여기에 수록된 논문들은 평화연구소가 주최한 2004년 12월과 2005년 4월의 국내학술회의, 2006년 1월 일본 와세다대학교와의 합동 국제학술세미나 등에서 발표된 논문들을 수정·보완한 것들로서, '동북아 문명관 전환과 평화공동체의 사상적 기조', '동북아 정체의 변동역학', '동북아 국제관계의 근대와 탈근대, 그리고 지역평화의 조건'에 관한 학술적 쟁점들을 다루고 있다.

제26장

Sung—Hack Kang (ed.),

The United Nations and Keeping—Peace in
Northeast Asia,

Seoul: The Institute for Peace Studies, 1995

Entering the year 1995, the world is commemorating
the fiftieth birthday of the United Nations. In June,
1994, a year before the golden anniversary of the only
universal organization to maintain international peace
and security, the Institute for Peace Studies, Korea
University, organized an International Conference on
"Keeping Peace and the United Nations in Northeast
Asia" during the period of June 3 − 4, 1994 at Seoul

Swiss Grand Hotel, Seoul, Korea.

The conference on the United Nations is not only meaningful but also timely for the South Koreans. For the United Nations not only played the role of a midwife for the birth of the Republic of Korea, but also performed the role of a securing guarantee, protecting the Republic of Korea from the communist aggression during the Korean War and thereafter. Nevertheless, South Korea remained outside the world forum for much of the Cold War. But on September 17, 1991, South Korea has become a member state at last, along with North Korea. The simultaneous UN entry of both South and North Korea ushered in the so called UN politics in the Korean peninsula as well as in broader Northeast Asia, thereby making this conference doubly important.

Despite its well—known limitations as a global political organization aiming at collective security as its primary goal, the United Nations has survived since 1945, which is twice as long as the ill—fated

League of Nations. Furthermore, it has enjoyed a remarkable renaissance since the end of the Cold War, under the new slogan of "Back to the Charter." In the same hopeful spirit, this volume which is the collection of the papers presented at the conference, is produced with high expectation that it could contribute to more learned understanding of the United Nations' politics in Northeast Asia, including the Korean peninsula.

제27장

Sung-Hack Kang (ed.),
The United Nations and Global Crisis Management,
Seoul: Korean Academic Council on the United
Nations System, 2004

Good morning everyone. Thank you very much for coming. I would like to extend my sincere and heartfelt gratitude to Japanese as well as Korean participants in this conference.

Some of you will remember where we were and what we were doing, when the hijacked American airplanes had hit the World Trade Center Towers in

New York on September 11, 2001.

Then, we were participating in the conference on "UN, PKO and East Asia security" and were discussing the past, present and future roles of the United Nations in keeping peace and security in East Asia, which was sponsored by Korean Academic Concil on the United Nations System here in Seoul. In three years, we are gathered here today again with more fearful minds and impatience than then under new conference theme of "the United Nations and Global Crisis Management."

The attacks on the US on September 11, 2001 may be seen as a defining moment in world politics. Yet the attacks are more a demonstration of evolution that had been going on for years. The events are a symbolic, tragic and extremely violent expression of phenomena that had characterized the international politics for years, although not without such extreme brutality. They mark a clear intrusion of a highly dangerous non—state actor on the inter—state arena, forcing states to dramatically reconsider their understanding of their own security, as well as the means of achieving it. They also constitute a new and decisive blow to the already shattered distinction between internal and external security, and between military and civilian security.

As a result, the war on terrorism has been shaped by the notion of self—help, the domination of the United States and its unilateral approaches to the use of force, the necessity for the United States to demonstrate its power and short—term analysis of national interests and survival.

Straight after the 9/11 attacks, somewhere pedagogically speaking, the liberal approach put the stress on the need for states to cooperate, through international institutions among other channels, as there was no way the transnational threat of terrorism could be addressed nationally, or by a restricted number of states. Such a necessity was particularly underlined by the UN and its Secretary General, but also through Security Council resolutions. But the fact is that the events of 9/11 and the fight against terrorism are characterized by the domination of socalled realist perspective, to the detriment of the role of international organizations, including the United Nations.

Although the realist paradigm is all too clearly inherently incapable of contending with new transnational threats to human rights and human security posed by transnational terrorism, in practice the anarchic nature of the international system and the fact that there exist states that use, sponsor, support and sympathize with specific terrorist groups are basic reasons why terrorism is likely to remain the most ubiquitous form of political violence in coming years.

The important role of the United Nations has been rhetorically emphasized, but in practice, the response to the transnational terrorism had to be primarily state—led, at least in the forceable future.

The UN's role in maintaining international peace and security and subsequent "peace operations" has been marginalized, if anything, ever since the 9/11 events occurred. Before the events, however, peace operation occupied a crucial place within the evolving international security system as one of the main activities of UN operation. Peace operation is a UN term. The Brahimi Report on peace operations talks about UN peace operations that entail three principal activities: conflict prevention and peace—making, peace—keeping and peace—building. NATO uses the term 'Peace Support Operations,' or 'Crisis Response Operations,' while the European Union prefers the broader expression 'Conflict Prevention and Crisis Management.'

On the eve of 11 September 2001, the full implementation of the Brahimi Report was still a sensitive issue. On the morrow of 9/11 attacks the UN Security Council and also General Assembly displayed and uncontested unity. The adoption of resolution 1368 on 12 September 2001 instantly involved the Security Council. In the resolution 1368, the Council expressed its readiness to take all necessary steps to respond to terrorist attacks. But it can hardly be interpreted as a step that gave the UN a particular role. And as far as the war on terrorism was concerned, the resolution was more pertinent for states participating in the coalition along with the United States than for the United Nations itself. A few weeks later the Security Council adopted the resolution 1373 on 28 September 2001, containing a series of measures to fight terrorism mainly by establishing the Counter—Terrorism Committee (CTC) to monitor implementation of the resolution.

In spite of difficulties in its implementation, it is undoubtedly the most important text in the light of giving the UN a role in the international response to the events of 9/11. And President Bush addressed to the UN General Assembly in November 2001 that the world needed the UN's principal leadership. However, the nature of the situation led to a general neglect of the UN by the Bush Administration. The terrorist attacks of 9/11 were attacks to the vital interests of the U.S., and thus created a situation that by its very nature has not been conducive to a significant role for the United Nations. In the United States as well as elsewhere, the response to terrorism has been a state response. It is not easy to see in what ways the UN could have been more actively involved, given the UN capacity and its very limited role in dealing with terrorist issues before and/or after 9/11.

There is little reason to anticipate a greatly enhanced role for the U.N. in global governance enough to act as surrogate global policeman anytime in the foreseeable future, particularly given its disappointing performance in a variety of peacekeeping or nation—building missions in recent years. But it would also be a mistake to underestimate the moral authority the organization enjoys, and an extraordinary Secretary—General just might be able to effect truly transformational changes in the way it functions. There seems to be no alternative to a reinforced UN as a key legal and political actor. The events of September 11 do not make the UN irrelevant.

Only the future will tell if the United Nations will turn out, again and again, to be an emperor without clothes, or to become a "gentle knight" whose voice represents legitimacy and whose strength threatens only such outlaws as themselves constitutes a threat to international peace and security. The obligation of "we, the lovers of the United Nations" is to help the United Nations to become the latter by supporting it intellectually as well as morally, because, in our day, it is the act in the name of the United Nations alone that could provide the most strong shield of legitimacy, like the act of the Pope during the medieval age in Europe for any effort to overcome the wars of legitimacy.

Legitimacy is as much a source of power as force.

Force without legitimacy is tyranny – for those who are subject to it. To attract loyalty requires that special quality. Napoleon put his finger on it when he said that the King could be defeated any number of times and still remain King; Napoleon needed to be defeated only once to cease being Emperor. The difference between them was one of legitimacy. In our age in which security will depend upon taking early action against emerging threat from without, legitimacy is more important than ever. For the moment, the United Nations remains the primary source of universal legitimacy in our global political world. This is why our gathering is important. Our subject is global crisis management through the UN's legitimate intervention.

Now let us begin our international, Korea – Japan Joint Conference to investigate what the United Nations should and could do to manage global crisis legitimacy.

Let us do our best to make this conference fruitful

and successful, remembering, as Shakespeare said, "All's well that ends well."

Lastly, let us say to the terrorists, as Winston Churchill told Mr. Hitler during world war?, "you do your worst; we will do our best."

Thank you very much.

제28장

Korea's Foreign Policy Dilemmas: Defining State Security and the Goal of National Unification, Folkestone, Kent: Global Oriental, UK, 2011;

韩国外交政策的困境,

北京: 社會科學院 社会科学文献出版社, 2017.

> Writing a book is an adventure; it begins as an amusement, then, it becomes a mistress, then a master, and finally a tyrant. … Words are the only things that last forver.
>
> — *Winston Churchill*

When I was appointed a full professor at Korea University in 1985, Professor Lawrence Finkelstein, my doctoral dissertation adviser at Northern Illinois University, wrote to me a letter of congratulations on my promotion on 13 October 1985. In it, among other points, he said:

> "I am overjoyed at the news. I have long believed there is no higher status. I'd rather be a full professor than a king or a general or a movie star, and I think I, and now you, outrank them all."

Such encouraging, moving, congratulatory remarks inspired me with the determination to stay as a life−long professor at Korea University, my alma mater, without ever looking around for a more rewarding position or a more beautiful place than the campus of Korea University.

As the British Poet Laureate, John Edward Masefield, said, a university campus is the most beautiful place in the secular world, not because of its high buildings, golden lawns, or comfortable benches under the trees, but because a university is the place where people who abhor ignorance try to become enlightened and then pass their own enlightened truth to others. Looking back, it was great good fortune and a rare blessing for me to be able to concentrate in this secular world, that is, at the campus of Korea University. Besides, I firmly believe that "teaching is learning," and also that learning is a real pleasure, as Confucius, the greatest teacher and an ancient sage to both Chinese and Korean peoples, said about 2500 years ago.

South Korean foreign policy has come of age since the Republic of Korea became a full member state at the United Nations in 1991. Currently, about 1,200 South Korean troops are conducting UN peacekeeping operations in seventeen regions of fourteen nations, including Lebanon, Somalia, Sudan, Nepal and Afghanistan, contributing to international peace and security. South Korea's high international status has been widely recognized and its contribution to international society has been steadily increasing. Nevertheless, key developments in recent years have confirmed the main conclusion of my writings regarding South Korea's foreign policy: South Korea is still not the master of its own destiny.

As this preface is being written, the Korean peninsula is boiling up again. In the wake of North Korea's surprise torpedo attack upon a South Korean naval ship in the West Sea of Korea on 26 March 2010, South Korea and the United States are seeking punitive economic and diplomatic measures against North Korea for this action, which killed forty－six South Korean sailors. The two allies also conducted a four－day joint military exercise in the East Sea during 25－26 July in a display of force again intended to send a clear warning message to the North Korean leaders. North Korea had threatened to begin a "revengeful holy war," denying its involvement in the military attack. China, which prevented any decision from being taken in the United Nations Security

Council except for a mild UN Security Council presidential statement without imposing any further measures against North Korea conducted its own military exercise to signal its displeasure at the Joint ROK — United States military exercise.

In fact, South Koreans already began to face a serious new threat from North Korea as it developed weapons of mass destruction and eventually conducted its first nuclear test on October 9 2006. Yet inspite of the growing nuclear threat from North Korea, South Korea and the United States agreed on 24 February 2007 that the wartime operational control of South Korean military forces would be transferred from the United States to South Korea as of 17 April 2012. The aim of this decision was to "Koreanize" South Korean security policy and defense strategy. But the Six Party Talks to denuclearize North Korea have produced no results. Tension has continued to rise. North Korean guards shot dead a South Korea female tourist at the Mount Kumgang tourist site in

2008. Disputes have arisen regarding cross border traffic and warships exchanged fire in 2009. As a consequence, tension was rising between North and South Korea. The second North Korean nuclear test on 25 May 2009, was an attempt at blackmailing not only South Korea but also the United States. In effect, the Korean peninsula had already be enturned into "a state of war." Then came the surprise torpedo attack and the death of forty−six South Korean sailors. Such saber−rattling armed provocation and aggression led ROK Presidents Lee Myungbak and United States President Barack Obama to agree to push back the handover of operational control of South Korean forces to 1 December 2015. There are now unprecedented dangers on the Korean peninsula. To paraphrase the title of former French foreign minister Hubert Vedrine's book, "History has struck back" after about a decade−long period of complacency among South Koreans about peace and the peaceful unification of the Korean peninsula. To make matters worse, "Rising China" continues to support North Korea and its dangerous brinkmanship. As a consequence, international relations in East Asia are now conducted in an atmosphere in which war is always possible, while peace is not probable.

When "History" strikes back on the Korean peninsula, it will be apractical as well as a moral imperative to understand Korea's foreign policy historically and to learn the everlasting historical truth: "The strong do what they can, while the weak suffer what they must." This is what the great power Athens said to the small state of Melos, as recounted in Thucydides' History of the Peloponnesian War. It has been regarded as the acme of the realist tradition of international political thought in the Western world. In the Eastern world, Mencius, the greatest interpreter of Confucianism, said that there was no shame for a small state to serve a great power. In ancient times, Korea actively modeled itself on China, and bandwagoned with the hegemonic

Chinese empire for its survival in the East Asian international world. In a long historical process, Koreans became the most Confucian people. But on entering the modern era, Koreans were, in a sense, like Melos in the ancient Greek world, in the midst of a harsh struggle for power among the great power struggling for hegemony. It was in such circumstances that Korea, then sometimes referred to as the Hermit Kingdom because of its wish to avoid involvement with the outside world, encountered Western imperialism.

Korea's long and checkered history has been determined by its location at the crossroads of East Asia. In such historical circumstances, no wonder that the Koreans created a proverb that characterized Korea's fate: "When the whales fight, the shrimp's back is broken." Korea's fate became worse when the Korean peninsula was divided by the great powers for their strategic interest at the end World War II. When finally, in 1948, the two Koreas were born – the North and the South – they began to struggle and compete for supremacy over the other in order that their own version of "the unified fatherland" might prevail.

To put it another way, the two Koreas were burdened with two seemingly conflicting national tasks for both state security and national unification at the same time. Indeed, it has been a Herculean historic task far beyond Koreans' capability. In other words, it was too huge a Gordian knot for Koreans to cut for themselves alone. Nevertheless, like Sisyphus, Koreans have persisted in their efforts in support of state security and national unification. North Koreans have pursued a single policy of unifying the Korean peninsula by any means including warfare should the opportunity arise. For South Koreans, the frustrations from lack of progress toward national unification have been as great as the difficulties they have encountered in securing the state from repeated threats and armed provocations from the communist North, including all out military aggression during the Korean War of 1950-53. All North Korean attempts to communize the entire Korean peninsula by war and subsequent frequent military provocations have failed, but North Korean leaders have never stopped saber—rattling toward South Korea. One might be led to apply Santayana's often quoted definition of a fanatic as one who redoubles his efforts as he moves further away from his goal.

South Koreans have pursued state (in the more common term, national) security first but were at the same time determined not to choose between the Scylla of national unification through military forces, and the Charybdis of abandoning the goal of national unification. South Korea's foreign policy could, therefore, not overcome the practical as well as the theoretical dilemma between the state security—first policy, which means basically a status—quo policy, and the national—unification—first policy, which means basically a revisionist foreign policy. South

Koreans have not been able to accomplish completely either of these foreign policy goals. Until now, South Korea has not demonstrated its willingness to play a full role in Korean matters. However, it has not only survived as an independent state but has also thrived economically enough to become a member state of OECD in spite of the constant threat from North Korea ever since the end of the Korean war.

There are intriguing question to ask. What was wrong with its foreign policy when Korea lost its sovereignty in the late nineteenth century? What was the secret of South Korea's survival and development under such hard international conditions? Can any unique Korean—style foreign policy be discovered? To what challenges did South Korea respond and what crises were defused the last six decades? How was this done? What has been happening to the ROKUS alliance system since the sudden ending of the Cold War? What kind of special relationship between the United Nations, South Korea's midwife, and South Korea have been formed and developed before and after South Korea became a member state of the universal peace organization? What are the new emerging challenges and dangers for South Korea's state security and national unification policies? The following chapters attempt either directly or indirectly to answer these and many other questions.

Despite South Korea's more than sixty years' of continuous efforts to resolve the policy dilemma between the two recalcitrant, seemingly mutually incompatible, imperatives of state security and national unification, the ultimate question remains what is the appropriate relationship between state security and national unification? State security or national unification are not like instant coffee, where South Koreans could add water and simply stir. It is a long process. National unification is the greatest ambition for South Koreans. Such an ambitious objective can never be completely or consistently achieved. But trying to get close to this goal will justify constant efforts. Assuming responsibility for doing so shows the strength of South Korea's convictions.

This humble book is a collection that I have selected and present here mostly from my English writings over the last thirty years. It is not a descriptive work that covers all the major or interesting events that have occurred on the Korean peninsula and South Korea's responses to them. It is a modest attempt to theorize Korean (North as well as South Korean) foreign policy, and to apply some relevant theories of contemporary International Relations to them. I have tried to go beyond a simple description of Korea's international relations. As President Woodrow Wilson, when he was a professor, urged all writers to do, I have tried in my mind to write for immortality. Since immortal thoughts do not belong to any one age, a writer should transcend the petty daily issues of his time and seek to provide eternal truths The present age is also a transitional period like all the past ages. Our present interests that now appear so dominating before our eyes will someday change and will lose their elevated status. No age can add anything very great to what it has received from the previous ages. Therefore, a writer should deal with the ideas that can be effective and enlightening to anyone anywhere, escaping from trivial, unprincipled controversies and questions that soon perish. That is a kind of spiritual liberation. With such spiritual liberation in my mind, I have tried to produce somewhat long−fermented and slowly ripened intellectual "wine" rather than instant "sweet soft drinks" in my writing during the last thirty years of my academic life.

To put it differently, I have tried not to produce interesting commentaries on the current "hot" issues. Rather, even though I have always known that I have been trying to capture intellectual rainbows, I have tried to search out the fundamentals or the essence of the perennial issues of Korean foreign policy and the strategies for security and national unification of the two Korean states, with the greater emphases on South Korea. Since each chapter was written about different topics at different times over the last three decades, the analytic coherence and comprehensiveness of this volume will only be grasped when it is read through. But I would like to dare to suggest that each chapter has its own beauty, like anyone's daughter in our human world.

The publication of my first and perhaps the last book in English provides a precious opportunity to address the long—accumulated debts of gratitude that have always been residing deep inside me. It was Professor Boris Kondoch, who first suggested, and then on and off encouraged me to try to publish a book in English after he had read several of my articles about Korean foreign policy and Korea's policy towards the United Nations. It was his tenacious efforts that transformed my deep−felt diffidence into a slowly growing confidence strong enough to tempt me eventually to work towards abook to be published in English. I cannot thank him and Mrs. Kondoch enough for their delightful support and hard work in scanning several old articles published before the days of the personal computer. He also willingly agreed to my request to write an introduction for this book, despite the time it would take to do it. It was more than the response of an academic colleague since I believe that we have a beautiful friendship which is so rare in the snobocratic world of the contemporary academy. To publish a book in English about Korean foreign policy for the English−speaking world was beyond my dreams. Since I met Professor Kondoch, I began dreaming the dream. Now, thanks to his successful efforts as a bridge builder between me and Paul Norbury, the Publisher of Global Oriental in Britain, my dream has come true. I thank Paul Norbury for his brave, risky decision to publish my humble book.

Now to turn to my teachers. To Professor Kyung—Won Kim, who introduced me to the decisive turning point in my life by kindly advising me to pursue the academic way of life, I owe the beginning and essential parts of my education in International Relations. I learned from him about the writings of, among many others, Raymond Aron, Stanley Hoffmann and Henry Kissinger. He, as my graduate school academic advisor at Korea University, taught me also that knowledge could be very attractive and beautiful.

Professor Sung—Joe Hahn showed me the way of a Korean traditional Gentleman—Scholar who always spoke the "truth to power," whether it was political power or people power. He was a true mentor in many traditional senses. More than forty years ago, I learned from him about the prospect of a painful process of national development and democratization in South Korea. His endless affectionate advice and generous support helped me overcome the sense of despair that overwhelmed me whenever I felt alone in this cruel world.

Professor Lawrence S. Finkelstein, with remarkable generosity, gave me time, Socratic advice, and hospitality while, thanks to a Fulbright scholarship, I was working for an advanced doctoral program in the United States more than thirty years ago. In Professor Finkelstein, I met a wonderful advisor and mentor. Even after I returned to Korea and became a professor at Korea University, he supported me tirelessly through his trans—Pacific advice and guidance. For me he was a God—sent professor. Otherwise, how could a poor, humble, uncertain, foreign student happen to meet such a good professor at the right time of his life in this huge world?

I would also like to thank the late Professor Morton Frisch who was my master teacher of political philosophy and who opened for me the heavy window of difficult political thoughts from ancient Plato to modern John Locke and The Federalist Papers, and especially Thucydides, the everlasting pinnacle of the discipline of International Relations. Professor Frisch always appreciated my "idiosyncratic" penchant for political philosophy in that age of somewhat tyrannical political scientism in the advanced educational institutions in the United States of America.

Professor Sung–Joo Han was a true colleague when he was my senior as professor at Korea University. He is better known internationally as a former Minister of Foreign Affairs and former South Korean Ambassador to the United States. While I was one of his junior colleague sat Korea University, he expanded my social as well as intellectual horizons. He has already previously and generously written several forewords for my Korean books. He wrote kindly the foreword once more for this English book, for which I am again grateful to him.

Now to turn to my family. My thanks go to my dear mother Mrs. Hong—Soon Kwack (Kang), who raised and supported me alone with her lonely tears, sweat, and blood that I did not see, since I lost my father, of whom I have no memory, during the Korean War. I know always that not a single day of her life has passed without her praying for me for the last sixty years. She is the only Goddess for me. For me, as Albert Camus said to the French left, "I believe in justice, but I will defend my mother before justice."

I thank my wife, Mrs. Hye—Kyung Shin (Kang) and Sang—On, Seung—On, and Young—On, my sons and daughter, who have forgiven me for my deficiencies as a husband and a father. I have neglected them too much as well as too long, on the pretext of living the humble priest—like life of a university professor.

Now to turn to my University and to several

foundations that have assisted me. My thanks go to Korea University which has provided me, as a student and later a professor, with enviable opportunities for a most comfortable existence and academic freedom for the last half a century. I want to also express my heart — felt gratitude not only to the Fulbright Foundation Scholarship of the United States Government for financially supporting my doctoral program which radically transformed my life forever, but also to the British Foreign and Commonwealth Office Fellowship for giving me, through the British Council, a rare opportunity to enrich my historical knowledge at the London School of Economics and Political Science. I also thank the Japan Foundation for offering me very good opportunities at Waseda University and the University of Tokyo many years ago. This allowed me to concentrate on writing certain chapters of this book, not to mention another two Korean books of mine.

Lastly, I would like to dedicate this book to all the

students who have been with me one time or another during the last thirty years. They believed in me and I have loved them all. They have always reminded me not only that teaching is a great pleasure, but also that teaching is also learning. As Sophocles whose name means "wise and honored one," said through the lips of Haemon who pleaded with Creon, his own father as well as the The ban ruler, in Antigone:

> Then, do not have one mind, and one alone
> That only your opinion can be right.
> Whoever thinks that he alone is wise,
> His eloquence, his mind, above the rest,
> Come the unfolding, shows his emptiness.
> A man, though wise, should never be ashamed
> of learning more, and must unbend his mind.
> No, yield your wrath, allow a change of stand.
> Young as I am, if I may give advice,
> I'd say it would be best if men were born

perfect in wisdom, but that failing this
(which often fails) it can be no dishonor
to learn from others when they speak good sense.

In addition, I would like to thank Kyu−Hwan Rah and Eun−Hye Kim, who were my graduate research assistants when I was undertaking this book project, and also Dr. Yoo−Jin Rhee, all of whom have willingly helped me to deliver this intellectual off spring of my thirty−year academic life.

저서목록

⟨죽어도 사는 사람: 불멸의 링컨 유산⟩ (공저) (2018)

⟨한국의 지정학과 링컨의 리더십: 동아시아의 지정학적 변화와
국가통일의 리더십⟩ (2017)

⟨韓国外交政策的困境⟩, 北京: 社會科學院 社会科学文献
出版社, (2017, 중국어판)

⟨和平之神与联合国秘书长 : 为国际和平而奋斗之领⟩,
北京: 光明日报出版社, (2015, 중국어판)

⟨戦史に学ぶ軍事戦略 孫子とクラウゼヴィッツを
現代に生かすために⟩, 東京: 彩流社, (2014, 일본어판)

⟨Korea's Foreign Policy Dilemmas: Defining State Security
and the Goal of National Unification⟩, Folkestone, UK:
Global Orient, UK, (2011, 영어판)

〈평화神과 유엔사무총장: 국제평화를 위한 리더십의 비극〉
  (2013)

〈전쟁神과 군사전략: 군사전략의 이론과 실천에 관한 논문
  선집〉(2012)

〈인간神과 평화의 바벨탑: 국제정치의 원칙과 평화를 위한
  세계헌정질서의 모색〉(2006)

〈무지개와 부엉이: 국제정치의 이론과 실천에 관한 논문 선집〉
  (2010)

〈동북아의 근대적 변용과 탈근대지향〉(편저) (2008)

〈용과 사무라이의 결투: 중일전쟁의 국제정치와 군사전략〉
  (편저) (2006)

〈UN and Global Crisis Management〉(편저) (2004)

〈유엔과 국제위기관리〉(편저) (2005)

〈유엔과 한국전쟁〉(편저) (2004)

〈시베리아와 연해주의 정치경제학〉(공편) (2004)

〈동북아의 평화사상과 평화체제〉(편저) (2004)

〈새우와 고래싸움: 한민족과 국제정치〉(2004)

〈동아시아의 안보와 유엔체제〉(편저) (2003)

〈UN, PKO, and East Asian Security: Currents, Trends, and
  Prospects〉(공편저), 2002

〈The UN in the 21st Century〉(공편), 2000

〈시베리아 횡단열차와 사무라이: 러일전쟁의 외교와 군사
  전략〉(1999)

〈소크라테스와 시이저: 정의, 평화 그리고 권력〉(1997)

〈이아고와 카산드라: 항공력 시대의 미국과 한국〉(1997)

〈주한미군과 한미안보협력〉(공저) (1996)

〈북한외교정책〉(공저) (1995)

〈카멜레온과 시지프스: 변천하는 국제질서와 한국의 안보〉
  (1995)

〈The United Nations and Keeping-Peace in Northeast
  Asia〉(편저) (1995)

〈자유주의의 정의론〉(역) (1991)

〈키신저 박사와 역사의 의미〉(역) (1985)

〈핵시대를 어떻게 살 것인가〉(역) (1985)

〈제국주의의 해부〉(역) (1984)

〈불평등한 세계〉(역) (1983)

〈셰익스피어의 정치 철학〉(역) (1982)

〈정치학원론〉(공저) (1982)

|찾아보기|

|저자 주요 약력|

고려대학교 정경대학 정치외교학과 교수
고려대학교 교무처장
고려대학교 정책대학원 원장
고려대학교 평화연구소 소장
영국 런던경제정치대학 (L.S.E) 객원교수
일본 동경대학교 객원연구원
일본 와세다대학교 교환교수
KACUNS(한국유엔체제학회) 회장
ACUNS(미국유엔체제학회) 이사
한국 풀브라이트 동문회 회장
한국 쉐브닝 동창회 회장
링컨아카데미 원장
現 고려대학교 명예교수
　　극동대학교 석좌교수
　　한국지정학연구원 이사장
　　풀브라이트 교육문화재단 이사
　　International Peacekeeping(국제학술지) 편집위원

제1회 한국국제정치학회 저술상, 1995. 12(『카멜레온과 시지프스: 변천하는
　　국제질서와 한국의 안보』)
미국 국무부 풀브라이트 스칼라십(1977 - 1981)
영국 외무부 펠로우십(1986 - 1987)
일본 외무성 저팬파운데이션 펠로우십(1998, 2005 - 2006)
대한민국 옥조근정훈장